김대식의
인간 vs 기계

김대식

카이스트 전기 및 전자과 교수.
독일 막스—플랑크 뇌과학연구소Max-Planck Institut fur Hirnforschung에서 뇌과학으로 박사학위를 받았다. 미국 MIT에서 뇌인지과학 박사후 과정을 밟고 일본 이화학연구소RIKEN 연구원으로 재직했다. 이후 미국 미네소타대학 조교수, 보스턴대학 부교수로 근무했다.
현재 조선일보에 〈김대식의 북스토리〉, 〈김대식의 브레인 스토리〉를 연재하고 있으며, 지은 책으로 『김대식의 빅퀘스천』, 『내 머릿속에선 무슨 일이 벌어지고 있을까』, 『이상한 나라의 뇌과학』 등이 있다. 『김대식의 빅퀘스천』은 2015 조선일보 올해의 책, 2015 세종도서 교양부분 우수작, 매일경제 교보문고 '2016년을 여는 책'으로 선정되었다.

인공지능이란 무엇인가

김대식의
인간 VS 기계

동아시아

프롤로그

어려운 천국과 쉬운 지옥

증기기관의 탄생과 함께한 1차 산업혁명. 그리고 전기와 정보기술이 만들어낸 2차, 3차 산업혁명. 이제 세상은 4차 산업혁명의 길을 가고 있다. 그 가운데 최근 알파고 덕분에 많은 관심을 받고 있는 '인공지능'은 19세기의 석탄과 20세기의 석유처럼, 21세기 산업경제의 원천적 자원이 될 것이라는 전망이다. 결국 200년 전 영국에서 시작된 산업혁명은 역사책에나 등장하는 '과거'가 아닌, 여전히 진행되고 있고 앞으로도 우리의 운명을 좌우할 '현재'와 '미래'다.

이 '현재'이자 '미래'는 2016년 3월 9일 대한민국의 수도 서울에서 역사적인 대결로 이어졌다. 이세돌 9단과 구글 '알파고'의 바둑 대결. 알파고는 구글사가 2014년 약 4,000억 원을 들여 인수한 영국의 '딥마인드'사가 개발한 프로그램이다. 딥마인드 창업자 데미스 하사비스는 영국 최고의 천재로 알려져 있다. 체스 세계 챔피언, 비디오 게이머, 해커 중의 해커, 케임브리지대학 컴퓨터공학 박사, 영국 UCL_{University College London} 뇌과학 박사이면서 세계 최고의 기계학습 전문가 중 한 명이다.

'기계학습'이란 무엇인가? 1956년 다트머스대학에 모인 컴퓨터 전문가들은 '인공지능'이라는 새로운 기술을 제시한다. 어려운 계산을 너무나도 쉽게 하는 기계. 그렇다면 '언어처리', '얼굴 인식'같이 인간에게 쉬운 문제 역시 쉽게 풀 수 있는 '인공지능'도 가능하지 않을까? 하지만 인간에게 쉬운 문제는 결코 쉽지 않았다. 50년 넘는 연구에도 불구하고 세계 최고의 슈퍼컴퓨터조차 최근까지 '강아지'와 '고양이' 하나 제대로 구별할 수 없었으니 말이다.

그러나 마치 고대 그리스의 비극과 희극을 동시에 보는 듯한 믿을 수 없는 일이 2016년 3월 둘째 주 동안 벌어졌다. 100만 대군을 이끌고 그리스를 침공했던 크세르크세스 1세의 승리를 믿었던 페르시아인들처럼 우리 모두는 인간의 승리를 확신했었다. 하지만 인류를 대표하는 이세돌 9단은 영국에서 넘어온 알파고와의 첫 3국에서 연달아 무너지고 말았다. 4국에서는 다행히 승리했지만 최종국에서 또 졌다. 알파고의 완벽한 승리다. 그렇다면 우리는 물어봐야 한다. 적을 알고 나를 알아야만 백전백승한다는 손자병법을 잊었던 것일까? 기계는 인간을 잘 알았지만, 우리는 기계를 몰랐다. 알파고는 누구, 아니 무엇인가?

 알파고는 딥마인드사가 2014년부터 준비해온 인공지능 바둑 프로그램이다. 인간이 정해준 규칙과 비법 위주의 기존 바둑 프로그램과는 달리 알파고는 '딥러닝'이라는 학습 기능을 가지고 있다. 왜 기계에게 학습능력이 있어야 할까? 세상에는 두 가지 타입의 정보가 존재하기 때문이다. 첫째, '2+2=4'같이 정확히 표현 가능한, 정량화된 정보다. 하지만 만약 외계인(또는 인공지능)이 우리에게 어떻게 팔을 들 수 있는지 정확히 설명해달라고 한다면? 우리는 사실 별로 해줄 수 있는 말이 없다. 걸어 다니고, 문을 열고, 고양이를 알아보고, 천재적으로 바둑을 두고. 보여줄 수는 있지만 완벽한 설명이 어려운 비정량화된 정보가 있다. 이를 통해 이뤄지는 행위를 '직관'이라고 부르기도 한다.

우리는 걸어 다니는 직관, 고양이를 알아보는 직관을 가졌고, 이세돌 9단은 바둑을 창의적으로 둘 수 있는 직관을 가졌다. 그렇다면 직관은 어떻게 만들어질까? 바로 경험과 학습을 통해 만들어진다. 현대 뇌과학에서 학습은 신경세포들 간의 연결고리(시냅스)에서 일어난다고 이야기한다. 자주 보고, 듣고, 경험하는 정보를 저장하는 세포들 간의 연결성이 강화되어, 비슷한 정보를 받아들일 때 활성화될 확률이 높아진다.

딥러닝의 '할아버지'는 1957년 천재 과학자 프랭크 로젠블라트가 발명한 퍼셉트론Perceptron이다. 인공신경세포들을 적절히 연결시켜주면 논리 연산 규칙을 스스로 인식하게 된다. 기계학습의 시작이었다. 하지만 불과 몇 년 후 MIT의 민스키와 페퍼트 교수는 단층 퍼셉트론으로 학습할 수 있는 정보는 지극히 한정되어 있다는 사실을 증명한다. 복잡한 정보를 학습하기 위해서는 다층 퍼셉트론Multi-Layer Perceptron, MLP이 필요하지만, MLP 신경망의 수많은 시냅스를 학습시킬 수 있는 방법이 없었다. 단층 퍼셉트론의 사형선고였다.

그리고 20년 후 인지심리학자 룸멜하트와 맥클리랜드는 MLP를 효율적으로 학습시킬 수 있는 '오차역전파법

backpropagation'을 제시한다. 역전파 알고리즘은 간단하다. 3층으로 구성된 인공신경망을 상상해보자. 첫 층은 예를 들어 '고양이'라는 물체를 숫자로 표현한다. 고양이 사진의 픽셀 값들이라고 생각하면 된다. 마지막 층 신경세포는 전체 MLP가 계산한 값을 출력한다. 물론 랜덤으로 시작하기에, 처음 결과는 틀릴 것이다. 하지만 만약 매번 선생님이 정답을 알려준다면? MLP가 계산한 '이양고'라는 오답과 선생님이 알려준 정답 '고양이'의 차이 값을 계산할 수 있다. 그다음 차이 값을 아래층으로 역전파해 시냅스 값을 고쳐주면 된다. 이런 식으로 수천만 가지 고양이 사진을 보고, 매번 선생님의 정답을 통해 시냅스 값들을 수정한다면, 언젠간 MLP는 '고양이 전문가'가 된다. 걸어 다니고, 뛰어다니고, 밥을 먹는 그 어떤 모습의 고양이를 보더라도 정답을 출력한다. MLP에게 '고양이 직관'이 생긴 것이다.

하지만 딥러닝의 '아버지' 격 되는 다층 퍼셉트론은 치명적인 문제들을 가지고 있었다. 우선 인공신경망을 3층 이상으로 올리면 점차 학습이 불가능해진다. 오차 값이 깊은 층수들로 역전파되면 점점 왜곡되는 '사라지는 경사도 diminishing gradient' 문제가 생긴다. 그런데 왜 깊은 신경망 층수가 필요할까? 간단히 설명하자면 층수가 깊을수록 더 추상적인 학습이 가능하다. 다층 퍼셉트론의 또 다른 한계는 새로운 사실을 추론해내는 것을 어려워한다는 점이다. 이 같은 기존 MLP의 문제는 2006년, 그리고 2012년에 와서야 드디어 해결된다. 토론토대학의 제프리 힌튼 교수팀은 깊은 층수의 MLP 역시 사전 학습pre-training을 통해 트레이닝시킬 수 있고, 인공신경망을 랜덤으로 '죽여주면' 추론능력을 개선할 수 있다는 사실을 보여준다. 기존 인공신경망의 한계를 극복한 깊은 층수 구조의 인공신경망을 보통 '딥러닝'이라고 부른다.

알파고는 바둑판을 알아보는 딥러닝과 승부 결과를 기반으로 현재 수의 가치를 평가하는 '깊은 보상 학습' 알고리즘을 사용한다. 이번 대국에 사용된 알파고 v18은 약 16만 판의 바둑 경기들을 학습했다. 하지만 딥러닝은 언제나 '데이터가 고프다' 셀프 시뮬레이션을 통해 추가 학습 데이터를 얻은 이유다. 알파고의 바둑판 인식 딥러닝은 48층의 인공신경망을 사용했다. 인간의 신경망은 보통 10에서 20층 정도다. 깊으면 깊을수록 더 추상적인 정보를 학습할 수 있으니, 어쩌면 알파고는 이미 인간보다 더 먼 미래를 예측해 수를 두고 있는지도 모르겠다. 먼 미래를 위해 추운 아침에 출근하는 어른들의 행동을 '실수'라고 생각하는 어린아이같이, 우리도 어쩌면 인간의 상상력을 초월한 먼 미래를 위해 둔 알파고의 한 수를 '실수'로 착각할 수 있다는 말이다. 하지만 알파고도 물론 완벽하지 않다. 이미 알고 있는 데이터를 통해 새로운 데이터를 만들어내기에, 원천 학습 데이터의 허점이 시스템 전체의 버그가 될 수 있다. 아마도 4국에서 이세돌 9단이 승리할 수 있었던 이유 중 하나일 것이다.

하지만 알파고의 실수보다 더 중요한 역할을 한 것이 있다. 바로 이세돌 9단의 학습능력이다. 다시 한 번 기억해보자. 알파고의 핵심은 딥러닝이지만, 딥러닝은 인간의 뇌를 모방했다. 우주에서 가장 뛰어난 학습능력을 가진 기계는 여전히 우리 머리 안에 있는 1.5킬로그램짜리 뇌다. 알파고는 컴퓨터 1,200대의 엄청난 전력을 소비하지만, 이세돌 9단의 뇌는 하루 20와트 정도의 에너지만 소비한다. 하루 한 끼 든든히 먹으면 된다. 더구나 이세돌 9단은 단 세 번의 대국을 통해 알파고에 적응하기 시작했다. 기계학습에서 이야기하는 '원샷 학습법one-shot learning'이다. 어린아이는 고양이 4, 5마리만 경험하면 모든 고양이들을 알아보지만, 딥러닝은 수천만 번의 학습을 요구한다. 그리고 또 하나의 치명적인 문제가 있다. 딥러닝은 실시간 학습을 하지 못한다. 1,000가지 물체를 알고 있는 상태에서 하나의 새로운 정보를 배우려면 이미 알고 있는 1,000가지를 잊어버려야만 한다. 이번 다섯 번의 대국을 진행하는 동안 알파고가 업그레이드 될 수 없었던 이유다.

그럼에도 육체적 노동만 하던 기계가 인간의 고유 영역인 지적 노동 역시 할 수 있음을 보여주는 대국이었음은 틀림없다. 지금까지 우리가 기계에게 가르쳐줬지만, 앞으로는 우리가 기계에게 배워야 할 수도 있다. 하지만 잊어서 안 될 것도 있다. 바로 우리 뇌 안의 딥러닝이 명품이고 알파고의 딥러닝은 짝퉁이라는 사실이다.

이제 판도라의 상자는 열렸다. 우리가 원하든 원하지 않든 인공지능의 시대는 시작될 것이다.

이제 기계는 사람보다 물체를 더 잘 인식한다. 바둑에서조차 사람을 이기기 시작한 기계는 머지않아 자동차를 운전하고, 건강을 책임지고, 노후대책을 마련해줄 것이다. 학습하는 기계의 등장은 호모 사피엔스만의 영역이었던 대부분의 지적인 노동 역시 자동화될 수 있다는 가능성을 시사한다. 자동화되는 순간, 지적인 노동 역시 대량생산되기 시작할 것이다. 알파고와 이세돌 9단의 진정한 대결은 바둑이 아니다. 알파고의 승리는 어쩌면 그동안 경쟁자 없이 지구를 지배하던 호모 사피엔스의 시대가 서서히 막을 내리고 있다는 사실을 보여주는지도 모른다.

이제부터라도 우리는 미래 인공지능 시대에서 역사적 희생자가 되지 않도록 만반의 준비를 해야 한다. 인공지능 시대의 미래는 어떤 모습일지 아무도 확신할 수 없다. 유토피아 혹은 디스토피아, 이 예측 역시 설왕설래다. 그렇지만 변하지 않는 사실은, 그 미래는 정해진 것이 아니라 만들어가는 것이라는 점이다. 우리 스스로의 노력과 비전에 따라 천국이 될 수도 있고 지옥이 될 수도 있다. 단, 언제나 그렇듯 지옥으로 가는 길은 쉽지만, 천국으로 가는 길은 피와 눈물을 요구한다.

새로운 기술은 새로운 산업을 만들어내고, 새로운 산업은 나라의 미래를 좌우한다. 우리나라가 작지만 부유하고 자유로운 네덜란드 같은 나라가 될지, 아니면 선진국 문턱까지 갔다가 다시 '미끄러진' 아르헨티나 같은 나라가 될지는 앞으로 10~20년 내에 결정된다. 개인적인 생각으로는 이미 아르헨티나의 길을 가고 있지는 않나 하는 걱정을 해보지만, 이런 관점에서 이번 알파고와의 대결은 어쩌면 역사적 행운이었다는 생각이 든다. 독일, 일본, 인도, 브라질. 모두 앞으로 인공지능 기반의 산업혁명을 준비해야 하지만, 인공지능은 대부분의 사람들에겐 공상과학으로 느껴질 것이다. 하지만 알파고와의 싸움에서 고전하는 이세돌 9단을 목격한 대한민국 국민만은 다르다. 우리는 모두 미래에 대한 눈을 크게 떴다. 물론 우리의 '냄비근성'을 생각한다면 금세 다시 눈을 감을 수도 있겠다. 하지만 미래에 대한 눈을 감는 순간, 미래를 준비할 수 없다. 그리고 새로운 기술을 받아들이지 않는 나라와 민족은 역사에서 사라져버린다는 것이, 단순하지만 잔혹한 '세상의 방정식'임을 기억해야 한다.

2016년 3월
김대식

CONTENTS

프롤로그 어려운 천국과 쉬운 지옥 4

1장 인공지능의 시대, 기계에 지능을 부여하라 17

2장 지능을 획득한다는 것은 인식한다는 것 31

3장 인간의 논리를 알고리즘으로 구현하다 45

4장 인간의 논리를 기계에 심다 69

5장 인간이 만든 기계의 뇌가 인간답지 않음을 깨닫다 85

6장 언어와 논리를 넘어 빅데이터로 학습하다 113

7장 인간처럼 학습하는 알고리즘, 딥러닝의 등장 123

8장 딥러닝의 진화 163

9장 20160309 이세돌 vs 알파고 209

10장 인지자동화 산업의 등장 227

11장 인간 vs 기계 273

12장 인류는 또 이겨낼 수 있을까 285

13장 강한 인공지능 305

일러두기
- 이 책은 지은이가 강연한 내용을 바탕으로, 출판에 적합한 형태로 내용을 재구성했습니다.
- 참고 영상은 QR코드를 통해 보실 수 있습니다.

1장

인공지능의 시대, 기계에 지능을 부여하라

How it's possible

인공지능을 개발할 때 가장 처음 겪는 어려움은 인간에게 쉬운 일을 기계에게 구현시키기는 매우 힘들다는 점입니다. 카네기멜론대학의 인공지능 전문가 한스 모라벡Hans Moravec 교수가 제시한 '모라벡의 역설Moravec's paradox'입니다. 여기서 이야기하는 인공지능을 보통 기호 위주의 인공지능symbolic AI, 전통적인 인공지능tranditional AI 또는 GOFAIGood Old Fashion AI라고 부릅니다. 나중에 말씀드릴 딥러닝Deep learning 이전에 했었던 인공지능 구현 방식으로 우리가 흔히 알고 있는 로봇들의 움직임을 구현하는 데 많이 쓰입니다.

제가 학생 시절에 이 전통적인 인공지능 방식으로 탁구 치는 로봇을 준비하는 프로젝트에 참여한 적이 있어요. 나름대로 저희가 알고 있는 모든 공학적인 지식을 다 집어넣어서 몇 달 동안 열심히 연구를 해 거창한 로봇을 만들었습니다. 이제 시뮬레이션을 하려고 제가 탁구공을 치니까 그 로봇이 아무것도 안 하고 한참 동안 혼자 가만히 있더라고요. 한 30초쯤 지난 후에 그냥 헛스윙을 하더군요.

좀 놀랐습니다. 그 당시까지만 해도 '수학과 공학으로 모든 문제를 풀 수 있다'라고 믿고 열심히 로봇을 만들었는데, 이 로봇은 어린아이도 할 수 있는 리액션 한 번을 못 하는 거예요. 공을 보고 맞받아치는 건 어린아이도 할 수 있는데 말입니다. 비슷하게 혼다HONDA에서 개발한 아시모ASIMO나 카이스트의 휴보HUBO 같은 보행 로봇들은 TV에서 보는 것과는 많이 다릅니다. 직접 보면 이 로봇들은 불쌍해 보입니다. 로봇씩이나 됐는데 다리를 질질 끌고 다니지요.

사람들 다 모아놓고 아시모가 계단 올라가는 것을 시연했는데 제대로 걷지 못하고 넘어진 적이 있습니다. 비슷하게 예전에 학생들이 갑자기 '휴보가 대단한 걸 할 수 있다'라길래 '뭘 할 수 있니?'라고 되물었더니 '문을 열 수 있다'라고 하더군요. 그래서 봤더니 문 하나를 여는 데 몇 분을 기다려야 했습니다. 도대체 문 하나 여는 데 무슨 생각을 그렇게도 많이 해야 할까요? 인간과 비슷한 수준의 몸을 만드는 것은 그

만큼 어렵다는 말입니다.

여러 기관과 기업에서 로봇 개발에 열을 올리고 있습니다. 인터넷을 만든 기관으로 잘 알려진 미국 국방고등기획국Defense Advanced Research Projects Agency, DARPA(다르파)에서는 다르파 로봇챌린지DARPA Robotics Challenge, DRC를 개최해서 휴머노이드Humanoid 경진대회를 했습니다. 전 세계 휴머노이드들이 모이는 일종의 올림픽이지요. 지난 2011년 후쿠시마 원전사고 같은 사고 현장에서 '인간이 할 수 없는 일을 로봇이 대신해주면 얼마나 좋을까'에서 시작된 경진대회입니다. 잘 알려진 바대로 자랑스러운 카이스트 오준호 교수가 이끈 휴보 팀이 2015년 최종 경진대회에서 우승을 한 대회입니다.

미국 국방고등기획국에서 이런 경진대회를 여는 데에는 다 이유가 있습니다. 다르파에서는 지난 2004년, 2005년, 2007년 무인자동차 경주대회를 열어서 아주 큰 소득을 얻었습니다. 2004년 처음 무인자동차 경주대회에 참가한 수십 개의 대학과 기업 중 이 코스를 완주한 차량은 단 한 대도 없었습니다. 카네기멜론대학의 자동차는 출발하자마자 뒤집어지기도 했죠. 그런데 2005년 다음 대회에서는 다섯 대의 차가 경주로를 완주하더니 2007년 어번 챌린지에서는 순위를

인공지능의 시대, 기계에 지능을 부여하라

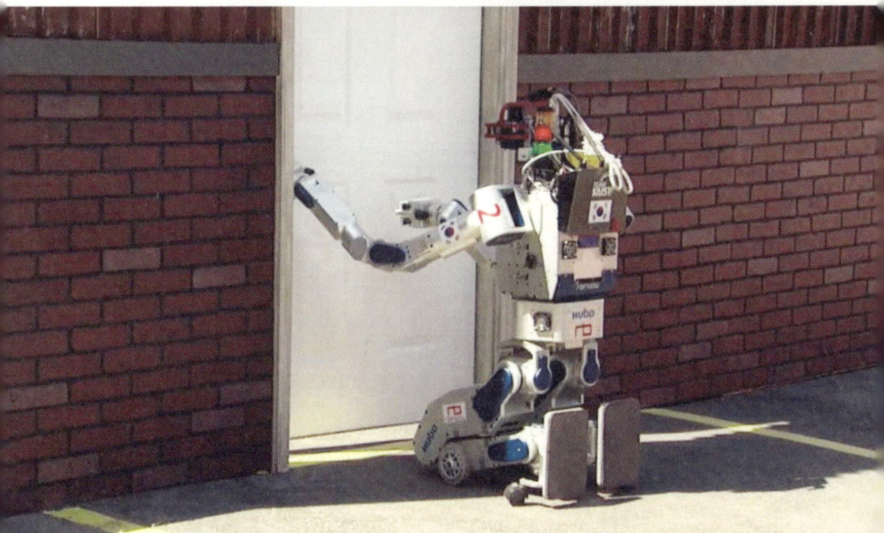

매길 만큼 많은 무인자동차가 완주했습니다. 이 완주는 모든 교통 규칙을 준수할 것, 다른 차량·장애물·합류하는 차량들 속에서도 안전하게 운전하는 것이 전제조건이었다고 합니다. 이때의 경험과 습득된 기술이 구글에서 지금 주도하고 있는 무인자동차 기술의 바탕이 되었죠.

무인자동차는 10년 전만 해도 SF 같은 이야기였습니다. 하지만 지금은 20년 후에 가능할 거라고 많은 분들이 이야기하죠. 다르파 로봇챌린지도 같은 맥락에서 볼 수 있습니다. 이 경진대회에서는 로봇이 수행해야 할 임무들이 있습니다. 첫째, 문을 여는 것 입니다. '문 여는 행동이 뭐가 어려울까?'라고 생각하실 수도 있을 텐데요. 로봇이 문을 열게 하려고 전 세계 최고의 대학교에서 엄청난 돈을 투자를 해서 만드는데 문을 못 엽니다. 둘째, 문을 연 다음에 걸어가야 합니다. 문을 열고 문을 통과해서 걸어가게 한다는 것은 정말 어려워요. 셋째, 사다리를 올라가야 해요. 말도 안 되게 어렵습니다. 넷째는 운전하는 것. 정말 불가능에 가깝습니다.

행동뿐만이 아닙니다. 아이폰을 사용하시는 분들은 알겠지만 시리Siri, 아직 100퍼센트 작동하지는 않습니다. 보신 분도 있겠지만 영화 〈그녀Her〉에서는 대화도 하고 위로도 받

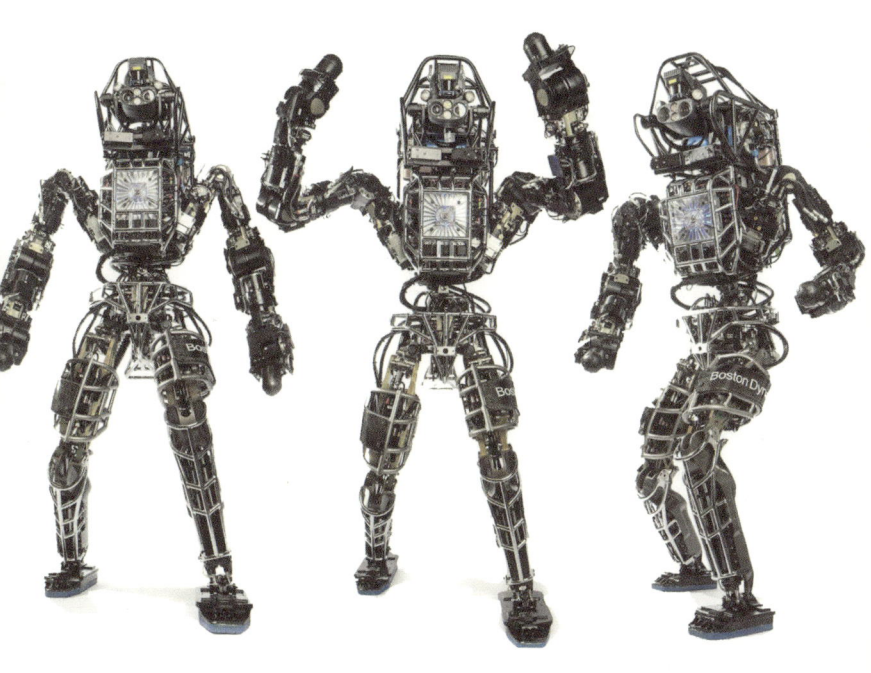

죠. 그런데 왜 시리랑은 대화가 여전히 어려울까요? 또 있습니다. 불과 3~4년 전까지만 해도 전 세계 최고의 슈퍼컴퓨터들도 강아지하고 고양이를 구별할 수 없었습니다. 아기들도 개와 고양이는 그림책으로도 구분하는데 말이죠. 반대로 인간에게 어려운 미분, 적분은 컴퓨터에게 너무 쉬운 일입니다.

전 세계 다양한 회사에서 전통적인 인공지능 기술을 이용한 로봇들이 양산되고 있습니다. MIT 신티아 브리아질 교수 연구진에서 개발한 지보JIBO는 가정용 인공지능 로봇입니다. 대화도 할 수 있고 사진도 찍을 수 있고 TV에서 뭐가 나오는지도 이야기해주고 오늘 날씨가 어떤지도 이야기해줍니다. 다들 알고 있는 구글의 무인자동차 기술, 아마존의 드론형 택배시스템도 있죠. 지보와 유사한 미국 아마존의 에코Echo, 일본 소프트뱅크의 페퍼pepper는 일상생활에 필요한 정보들을 직접 입력하지 않고 말로 입력시키는 기계입니다. MIT 교수 출신인 로드니 브룩스 교수가 설립한 회사에서는 자동차 조립에 필요한 물품을 전달해주는 로봇Baxter을 개발해 판매하려 하고 있습니다.

지금 공장에서 사용하는 로봇은 사실은 지능이 없습니다. 인간이 프로그래밍해서 똑같은 일만 아주 빠르게 반복할 수 있는 기계죠. 지능이 없는 기계들의 문제는 자동차 모델을 바꾸거나 조금이라도 환경의 변화가 있으면 처음부터 다시 프로그래밍을 해야 하는 점입니다. 지금까지 개발해온 전통적인 인공지능은 단지 신호를 받으면 저장된 프로그램에 따라 반복하는 기계일 뿐입니다. 인간이 주는 조건이 여러 가지이고 그 조건의 조합에 따라 이미 명령된 다양한 행동들 중 하나를 수행하는 것일 뿐이지요.

이미 로봇의 기술은 우리가 아는 것보다 훨씬 많이 발전해 있습니다. 보스턴 다이내믹스는 전 세계 최고 수준의 로봇 기술을 가지고 있습니다. 알파고를 개발한 딥마인드와 비슷한 시기에 구글이 인수한 회사죠. 2016년 2월 보스턴 다이내믹스가 새로운 로봇을 소개했습니다. 지금까지 소개되었던 휴머노이드와는 차원이 다른 기술을 보여줍니다. 스스로 밸런싱하고, 물건을 추적하고, 눈길에서도 넘어지지 않죠. 섬뜩한 수준의 행동을 시현합니다.

인공지능 기술이 접목되었다고 홍보하는 그럴싸한 광고, 홍보 동영상들 속에는 인공지능이 마치 생각하며 행동하는

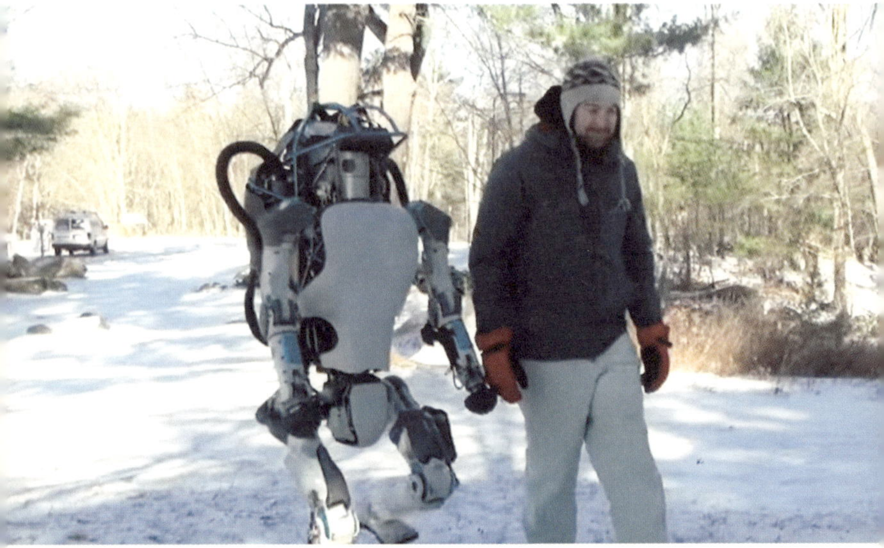

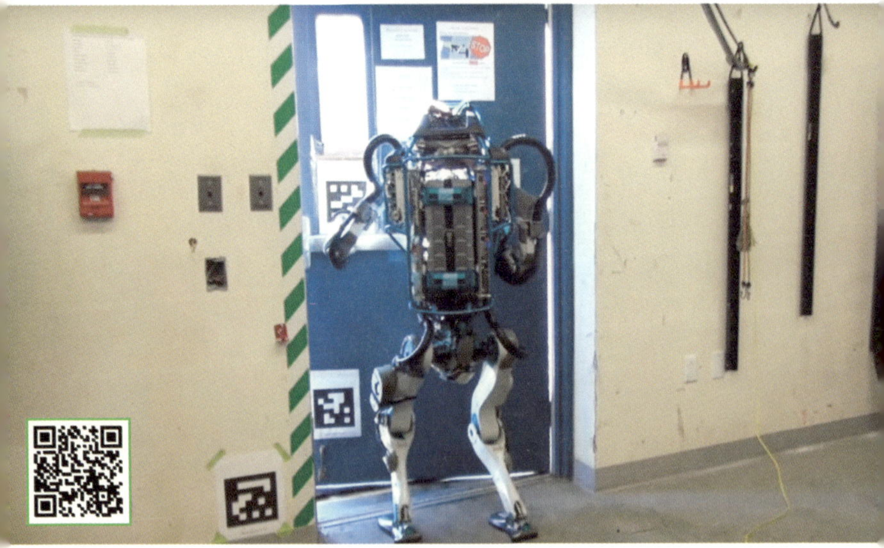

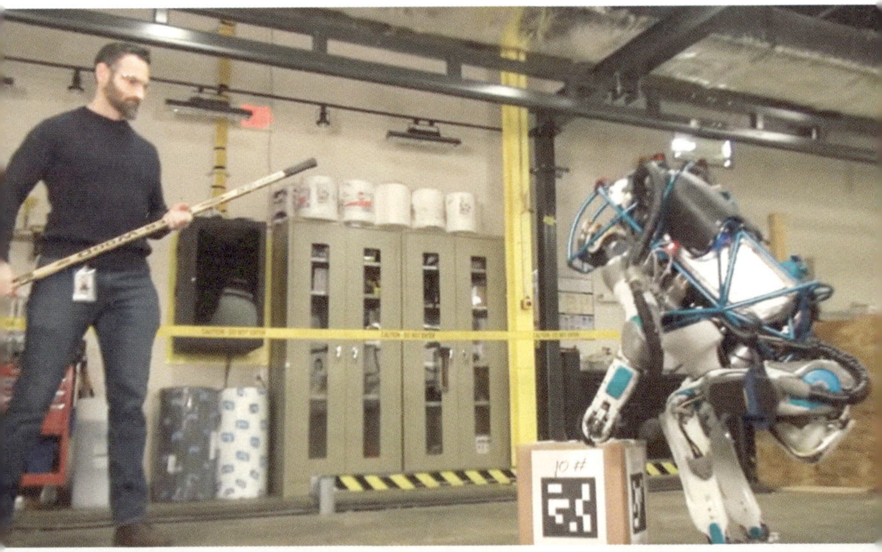

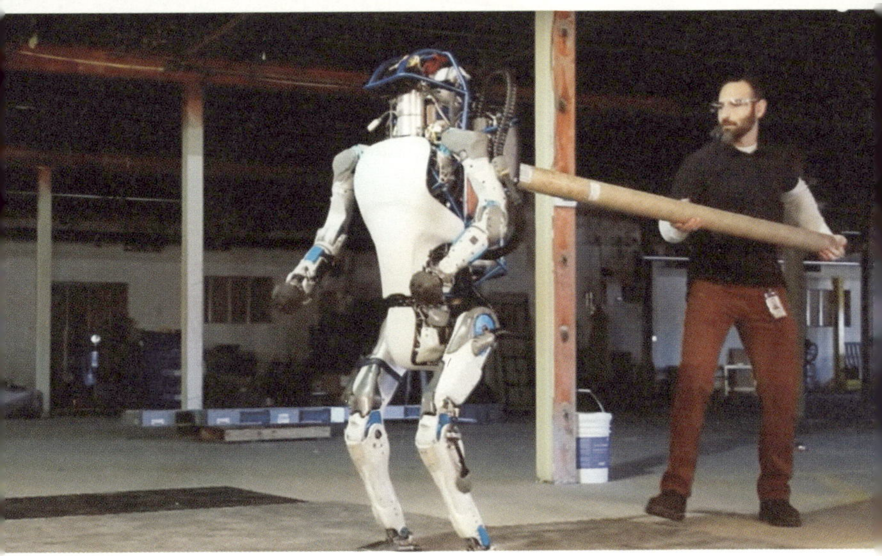

인공지능의 시대, 기계에 지능을 부여하라 29

것처럼 말하지만 현실은 아직 그러질 못합니다.

 왜 현실에선 구현이 안 될까요? 기계들이 판단하며 행동하려면 자율성이 필요합니다. 아무리 멋있는 로봇이라도 기계들을 인간이 리모컨으로 조종한다면 그냥 장난감이나 다름없죠. 우리가 기대하는 인공지능 로봇이 경쟁력이 있으려면 결국 기계가 스스로 세상을 인식하고 스스로 판단을 내려야 합니다.

2장

지능을 획득한다는 것은 인식한다는 것

인공지능이 어려운 이유

그렇다면 '왜 기계들한테 지능을 집어넣는 게 그렇게 어려울까?'라는 질문의 차례입니다. 전통적인 인공지능이 지능을 획득하기 어려웠던 이유는 기계에 설명을 입력해줘야 하기 때문입니다. 예를 들어서 기계는 강아지와 고양이를 구분하는 게 거의 불가능합니다. 다양한 종의 강아지들을 보여주면 다른 종이지만 당연히 우리는 강아지라고 대답합니다. 문제는 기계가 이 다양한 물체들을 강아지라고 인식하기 위해서는 누군가가 기계에 각각 다 설명을 입력해줘야 인식할 수 있다는 겁니다.

설명을 하기 위해선 두 가지 조건이 필요합니다. 첫째, 설명을 하는 사람이 답을 알고 있어야 해요. 둘째는 답을 알고 있는 사람이 답을 완벽하게 표현할 수 있는 기호 시스템이 필요합니다. 쉽게 말하면 언어체제가 필요하다고 보면 됩니다. 현대 과학에서는 아직까지 이 두 가지 조건을 만족시킬 수 없다고 결론짓고 있습니다. 예를 들어보죠. 자, 우리는 인공지능 개발자입니다. 인공지능에게 '강아지란 무엇인가'를 설명해줘야 해요. 어떤 방법이 있을까요?

우선 제 생각엔 '강아지란 무엇인가', '강아지란 어떻게 생겼는가'를 그냥 설명해줘야 되겠죠. 강아지는 다리를 네 개 가지고 있다. 맞지만 문제는 모든 동물들이 다리를 네 개 가지고 있기 때문에 그걸로는 부족합니다. 꼬리가 있다. 꼬리는 코끼리도 있습니다. 털이 있다. 쥐, 고양이도 다리 네 개, 털, 꼬리가 있습니다. 그렇기 때문에 수천 개가 넘는 강아지의 특징을 수천 줄이 넘는 코드로 구체적인 설명을 해줘야 합니다. 강아지는 털이 이렇게 생기고, 귀는 이렇고…. 이런 식으로 엄청나게 복잡한 설명을 하면 어떤 특정한 강아지를 강아지라고 잘 알아봅니다. 문제는 나머지 강아지를 못 알아본다는 거죠.

핵심적인 문제는, 저희가 보편적인 설명을 하면 강아지 집합의 멤버가 아닌 동물들이 포함되기 시작하고 또 너무 구체적인 설명을 하기 시작하면 강아지 멤버에 다양한 종들의 강아지가 제외된다는 겁니다. 그러니까 보편성과 구체성이 정반대의, 즉 역의 관계를 가지다 보니 두 개를 동시에 만족시킬 수가 없게 되죠.

또 저희가 보통 강아지라고 이야기하는 집합의 멤버들을 보니까 이론적으로는 무한에 가깝습니다. 강아지 종만 수백, 수천 가지가 되고 움직일 때마다 다른 모습을 가집니다. 뛸 수도 있고, 걸어 다닐 수도 있고, 누워 있을 수도 있고, 서 있을 수도 있고, 밥을 먹을 수도 있고, 약간 고개를 1도 옆으로 숙일 수도 있고 2도 옆으로 숙이기도 합니다. 움직임이 바뀔 때에도 강아지라고 인식할 수 있어야 해요. 이 조합이 무한히 많다 보니까 우리가 생각할 때 막연하게 강아지라고 이야기하는 저 물체의 변이가 무한대입니다. 이 무한의 변이들을 설명으로 다 묶어내기는 불가능합니다.

최근 이 무한에 가까운 정보를 입력할 수 있지 않을까 하는 방법들이 대두되고 있습니다. 바로 빅데이터Big data입니다. '빅데이터 분석을 바탕으로 산출해낸 결과를 반영했다'라고 많이들 이야기하죠. 하지만 사실 지금 분석하고 있는 것은 빅데이터 분석까지는 아닙니다. 엄밀히 말해 지금까지는 스몰데이터 분석을 하고 있습니다. 전 세계에 존재하는 정보

의 양이 10제타바이트zetabyte(10^{21}바이트) 정도 됩니다. 더구나 2020년에는 100제타바이트가 존재할 거라고 상상하고 있습니다. 이 10제타바이트 데이터의 거의 70~80퍼센트가 거의 지난 3년 동안 만들어진 겁니다.

지금 데이터가 상상을 초월할 정도로 늘고 있는데, 그 많은 데이터 중에 현재 기계가 자동으로 분석할 수 있는 데이터는 10퍼센트도 안 됩니다. 이 분석된 10퍼센트의 데이터를 정형 데이터 또는 계량화된 데이터라고 이야기를 합니다. 쉽게 말하자면 이미 이진법으로 표현이 된 데이터들, 이미 구조가 있어서 코딩할 수 있는 데이터인 것이죠. 아마존에서 누가 몇 번 무슨 물건을 샀다 등도 이런 데이터에 포함됩니다. 이렇게 소수의 계량화된 데이터만을 분석하고 있습니다. 하지만 인터넷에 있는 나머지 90퍼센트 데이터는 구조가 없는 데이터입니다. 이 남은 데이터들을 비정형 데이터 unstructured data라고 부릅니다.

비정형 데이터란 어떤 데이터일까요? 예를 들면 이런 이미지 정보입니다. '어느 영화에서 어린아이가 빨간 공을 가지고 귀엽게 생긴 고양이들이랑 놀고 있다.' 우리는 이 이미지를 보면 당연히 어떤 이미지인지 알아볼 수 있습니다. 하지만 기계는 상황을 인식할 수 없으니까 자동화해서 분석을 할 수 없습니다. 여기서 문제는 각각의 데이터가 늘어나는 속도에 있습니다. 비정형 데이터, 기계가 분석할 수 없는 데이터는 기하급수적으로 증가를 하고 있지만, 기계가 분석할 수 있는 계량화된 데이터는 선형적으로 늘고 있습니다. 다시 말해 99.99퍼센트의 데이터가 다 비정형 데이터이기 때문에 기계가 세상을 알아볼 수 없으면 몇 년 내에는 결국 데이터 분석을 할 수 없게 됩니다. 따라서 기계가 결국 세상에 대해서 무언가를 배우고 소화하여 내 것으로 만들기 위해선 사람과 비슷한 수준의 지적의 능력을 가진 인공지능이 필요하다는 결론을 내릴 수 있습니다.

그렇다면 인간이 어떻게 비정형 데이터를 자신의 뇌에 입력시키는지 알면 그 논리로 인공지능을 만들어서 기계에 심어주면 되지 않을까요? 그렇다면 이제 인간이 비정형 데이터를 어떻게 정형 데이터로 만드는지, 인간이 세상을 어떻게 학습하는지에 대해 이해해야겠습니다.

보편이란?

인간이 세상을 이해하는 것에 대한 논의는 정말 오래된 이야기입니다. 적어도 2,500년 동안 인류가 고민해온 문제죠. 철학에서는 이것을 보편성 문제universals라고 이야기합니다. 이 수많은 강아지들이 있는데 아무리 봐도 공통점이 없습니다. 앞에서도 이야기했듯이 강아지의 공통점은 대부분의 동물들에게도 해당됩니다. 다리가 넷이다, 체온이 있다 등. 강아지들만 가지고 있는 특징이면서도 모든 강아지가 갖고 있는 특징은 아무리 찾아도 존재하지 않습니다. 하지만 인간들은 보편적으로 강아지가 무엇인지 학습되었기 때문에 강아지라고 인지할 수 있습니다. 어떻게 인간은 강아지라는 아주 보편적인 개념을 가질 수 있었을까요? 철학에서는 이 보편성 문제에 대한 해결책을 두 가지 파로 나누어서 설명하고 있습니다. 하나는 유명론nominalism이고 또 하나는 실념론realism입니다.

역사적으로 실념론은 플라톤이 처음 주장했습니다. 플라톤의 철학은 '우리 눈에 보이는 세상이 진짜 세상이 아니다. 사실은 우리 눈에 보이지 않는 이데아 세상이 어딘가에 존재한다'입니다. 우리 눈에 보이는 세상은 이데아 세상의 그림자이죠. 저렇게 다르게 생긴 강아지를 다 강아지라고 인식할 수 있는 이유는 이 눈에 보이는 강아지들이 이데아 세상에 존재하는 완벽한 강아지들이기 때문에 각 강아지를 강아지라고 인식할 수 있습니다. 이것이 플라톤의 실념론이지요. 눈에 보이지 않는 어딘가, 이데아 세상에 완벽한 참된 강아지가 존재하고 눈에 보이는 세상에서 그 강아지의 그림자들을 보기 때문에 서로들 간의 공존점 혹은 공통점이 없어도 우리는 강아지를 알아볼 수 있습니다. 어차피 가짜, 그림자이기 때문이죠. 이 그림자의 본질인 완벽한 참된 강아지가 어딘가 존재한다는 것이 플라톤이 보편을 이해하는 방법입니다.

Aristoteles, 384–322 BC

Al Gazali, 1058–1111 CE

유명론
nominalism

Maimonides, 1135–1204

Ockham, 1288–1348 CE

실념론
realism

Plato, 427–347 BC

Plotinus, 204–270 CE

Augustinus, 354–430 CE

Averroes, 1126–1198 CE

어떻게 보면 실념론적 관점의 종교철학에서는 이 이론으로 세상을 이해합니다. 모든 물질의 이데아, 그러니까 참된 강아지, 참된 바나나, 참된 책상이 존재합니다. 또 이 이데아의 이데아를 신으로 해석하죠. 결국 모든 게 아주 완벽한 것의 완벽한 것에서 투영된 것이 있고, 우리는 또 투영된 영상의 그림자를 보고 있다는 거죠. 이러한 이론을 아우구스티누스는 기독교에 응용했고, 아베로스는 플라톤의 이 개념을 계승한 플로티누스의 아이디어를 이슬람에 응용했습니다.

그런가 하면 유명론은 아리스토텔레스부터 시작되었습니다. 아리스토텔레스는 이데아 세상을 믿지 않았습니다. 그런 건 존재하지도 않는다는 거죠. 즉, 증명할 수도 없는 세상은 존재할 수가 없고, 우리가 보편적인 물체를 알아볼 수 있는 유일한 이유는 결국 우리의 경험과 경험에 무언가 교집합이 존재하고 그 교집합이 바로 보편적인 물체가 되기 때문이라고 말합니다. 다시 말해서 저 수많은 강아지들을 강아지라고 인식할 수 있는 것은 우리가 경험한 강아지들에 우리는 알 수 없더라도 무언가 교집합이 있다는 거죠. 강아지들만 가지고 있는 무엇이, 말할 수는 없지만 분명히 존재한다고 이야기합니다.

유명론의 특징은 강아지의 모든 강아지, 우리가 경험한 모든 강아지들의 공통점은 사실 단 하나뿐이라는 겁니다. 뭘까요? 바로 '이름'입니다. 강아지는 강아지라는 이름을 가졌다는 공통점 외에 다른 공통점은 없습니다. 그래서 이름을 상당히 중요하다고 말했지요. 유명론적 소설책의 대표작으로 얼마 전 작고한 이탈리아 작가 움베르토 에코의 『장미의 이름』이 있습니다. 중세시대에 '장미'는 세상의 가장 선하고 아름다운 것을 표현하는 의미로 쓰였는데, 선하고 아름다운 것의 공통점은 선하고 아름답다는 이름, '장미'밖에 존재하지 않는다는 게 이 책이 주장하고자 했던 메시지죠.

플라톤의 실념론이든 아리스토텔레스의 유명론이든 어쨌든 보편적으로 이해한다는 것에 대한 논의 자체가 상당히 오랫동안 인간이 이해하고자 노력했던 문제라는 것입니다.

3장

인간의 논리를 알고리즘으로 구현하다

세상은 하나다

 분명 인공지능에 대한 이야기인 줄 알았는데 왜 플라톤이고 아리스토텔레스고 하는지 조금 혼란스러우실지도 모르겠습니다. 하지만 앞서 이야기한 대로 전통적인 인공지능은 결국 실패했습니다. 우리가 바라는 인공지능을 만들기 위해서는 결국 인간이 세상을 어떻게 보편적으로 이해하는지 정확히 알 필요가 있습니다. 조금 더 이야기해볼까 합니다.

 서양철학에서 이런 주장들이 도대체 어떻게 나올 수 있었을까요? 서양철학에서 거의 2,500년, 3,000년 동안 시도했었던 아주 거대한 프로젝트가 하나 있습니다.

 서양철학의 가장 중요한 첫 번째 철학자로 파르메니데스를 꼽습니다. 이 사람이 쓴 책은 다 사라졌고 대부분 타이틀만 겨우 남았습니다. 그중 제일 유명하고 중요한 책은 『하나와 여러 개The One and the Many』라는 책입니다. 내용도 거의 남은 게 없지만 남겨진 몇 가지 내용 중 고대 그리스어로 '호토스 에스틴hotos estin'이라는 말이 있습니다. 다양한 해석이 가능하겠지만 일반적으로 '존재는 존재다' 또는 '존재는 하나다'라고 해석합니다. '호토스 에스틴, 존재는 하나다'라는 말은 무슨 의미일까요?

파르메니데스 이전 대부분의 사람들은 철학자를 포함해서 이 세상엔 다양한 존재, 다양한 세상들이 존재한다고 믿었던 것 같습니다. 신들은 신들의 세상이 있고, 인간은 인간의 세상이 있고, 동물은 동물의 세상이 있고, 물체는 물체의 세상이 있다고 말이죠. 각 개체는 세상을 완전히 달리 보고 다른 세상에 살고 있다고 생각했습니다. 세상이 다르다면 세상의 법칙도 다를 수밖에 없습니다. 인간 세상의 법칙과 하늘의 법칙, 또는 신들의 법칙과 날아다니는 하루살이의 법칙은 다를 거라고 가정했지요. 그러던 와중에 파르메니데스가 처음으로 세상은 딱 하나밖에 없다고 주장했습니다. '이 세상은 단 하나다. 그렇기 때문에 별들의 움직임과 인간의 인생과 하루살이의 인생은 다 같은 법칙을 통해서 작동한다'라고 주장했습니다. 이 당시의 사람들이 생각하기에는, 아니 지금 생각하더라도 어마어마하고 대단한 주장입니다.

왜일까요? 우리는 각각이 너무 다르게 생겼기 때문에 같은 세상을 살 수 없다고 일반적으로 생각합니다. 그런데 파르메니데스는 우리 모두는 같은 세상에 산다고 주장했죠.

모두 같은 세상에 산다는 의미가 왜 중요할까요? 우리가 다 같은 세상에 산다고 믿는 순간 우주의 법칙이 하나밖에 없다는 주장을 할 수 있게 됩니다. 어차피 세상은 하나니까 법칙도 하나고 규칙도 하나다. 규칙이 하나라면 그 규칙은 이해할 수 있을 법합니다. 반면에 모든 존재마다 다른 규칙을 통해서 작동한다고 생각하면 절대 세상을 이해할 수가 없다는 이야기예요. 매번 규칙이 다르기 때문에 다른 세상을 이해하기 위해서는 다른 세상의 규칙을 알아야 하고 그 규칙과 세상이 어마무지하게 많기 때문에 결국은 불가능합니다. 파르메니데스를 계기로 서양철학은 가장 본질적인 이론인 자연을 신비스럽게 생각하지 않고 이해할 수 있다고 믿기 시작했습니다.

자연은 숨는 걸 좋아한다

다음으로 헤라클레이토스입니다. 헤라클레이토스가 한 말 중에서 가장 유명한 말은 **physis kryptesthai philei**입니다. 해석하자면 'physis'는 '자연'이란 뜻이고 'kryptesthai'는 'cryptology', 'Krypton' '비밀스러운', '숨다'라는 뜻입니다. 'philei'는 '사랑한다, 좋아한다'라는 뜻으로 '지혜를 사랑한다'라는 의미를 가진 단어인 'philosophy'에도 등장하는 말입니다. 그러니까 이 말인즉슨 '자연은 숨는 걸 좋아한다'입니다. 이게 무슨 의미일까요? 자연은 왜 숨는 걸 좋아할까요?

헤라클레이토스는 '파르메니데스의 말이 맞는다면 세상을 우리가 본질적으로 이해할 수 있을 것 같다. 그런데 세상을 아무리 그냥 쳐다봐도 다 다르게 생겼다'라고 말합니다. 분명 하나일 것 같긴 한데 다르게 보인다는거죠. 그래서 헤라클레이토스는 '왜 그럴까? 분명히 세상은 하나인 것 같은데 왜 우리 눈에는 다 다르게 보일까? 왜냐하면 자연이 숨는 걸 좋아하기 때문이다. 다시 말해 우리 눈에 보이는 세상이 다가 아니고 안을 파헤쳐 들어가야 된다'라고 이야기했습니다.

프랑스 파리의 오르세 미술관Musee d'Orsay에 〈과학의 등장으로 베일을 벗는 자연Nature Unveiling Herself to Science〉이라는 작품이 있습니다. 1899년 바리아스Louis-Ernest Barrias의 작품으로 바로 숨으려 하는 자연을 표현한 조각입니다. 자연은 숨으려고 하는데 과학이 자꾸만 이 옷을 벗기려고 노력을 하죠. 아마 이때부터 동서양 간의 인간과 자연에 대한 이해의 간격이 벌어지지 않았을까 생각해봅니다.

동양에서는 자연을 신비스럽고 이해할 수 없는 이해해서도 안 되는 대상으로 봤다면, 서양철학의 본거지인 그리스인들은 처음으로 자연을 이해할 수 있고 자연이 자꾸만 숨으려고 하면 자연의 동의를 얻지 않은 상태에서 억지로라도 진실을 알아내야 한다고 생각하게 되었죠. 조각에서 보는 것처럼 자연은 숨으려고 자꾸 옷으로 덮으려 하지만 그 자연을 알아내기 위해 숨으려고 하는 자연의 옷을 벗겨내는 것이 과학이 해야 할 일이라고 생각하기 시작한 것이죠.

아리스토텔레스

 앞의 내용을 정리해봅시다. 파르메니데스에 따르면 '자연이 하나이기 때문에 이해할 수 있을 것 같'아졌고, 헤라클레이토스에 의해 '일상생활에서 우리 눈에 보이는 게 다가 아니고 무언가가 뒤에 있다. 그것이 자연이다. 헌데 자연은 숨으려고 한다. 그렇기 때문에 우리는 그 자연을 찾아내야 한다'였습니다. 이제 아리스토텔레스입니다.

 숨으려고 하는 자연의 비밀을 알아낼 수 있는 도구들이 필요해졌습니다. 어떻게 해서라도 자연을 알아내야 하니까요. 아리스토텔레스가 위대한 이유는 그 도구를 다 만들었기 때문입니다. 아무리 봐도 적절한 도구들이 없으니까 아리스토텔레스 본인이 다 만들었죠. 동물들의 법칙을 알아내기 위해, 좀 더 포괄적으로 눈에 보이는 움직이는 물체들의 비밀을 알아내기 위해서 물리학을 만들었습니다. 또 눈에 보이지 않는 것들의 숨겨진 비밀을 밝혀내는 도구로 형이상학metaphysics을 만들었죠. 정치인들의 규칙은 좀 다른 것 같아 정치학을 만들고, 경제학을 만들었죠. 지금 우리가 막연히 떠올리는 학문들은 대부분 아리스토텔레스에 의해 만들어졌습니다. 숨으려고 하는 자연의 비밀을 파헤칠 수 있는 다양한 도구들을 만들다 보니 이 도구들이 제대로 작동하려면 이 도구들을 연결해주는 도구가 필요해졌습니다. 그 도구가 바로 논리입니다. 논리는 아리스토텔레스에 의해 이렇게 탄생했습니다.

우리는 '인간은 다양한 강아지를 보고 보편적인 강아지를 인식할 수 있는데 왜 기계는 강아지를 보편적으로 이해하지 못할까'에서 시작해 여기까지 왔습니다. 자연이 하나이기 때문에 인간이 자연을 이해하는 보편적 관점을 기계에 심어주면 기계 또한 여러 강아지를 강아지라고 인식할 수 있게 되겠죠. 이제 아리스토텔레스에 의해 자연, 즉 세상을 보편적

으로 이해할 수 있는 도구가 생겼습니다. 이제 이 논리를 기계에 심어주면 됩니다. 헌데 여기서 문제가 생깁니다. 바로 이 도구들을 명쾌하게 설명할 수 있는 언어가 존재하지 않는 것이지요.

라이프니츠의 이진법 논리

이제 기계의 언어, 수학의 영역으로 들어옵니다. 이진법의 등장이지요.

논리는 서양에서 2,500년 동안 이어진 숙제입니다. 결론부터 이야기하자면 '자연이 하나이기 때문에 자연을 이해할 수 있고 우주를 이해할 수 있다'라는 희망하에 도구를 찾은 거예요. 논리를 통해서 우리가 자연을 이해할 수 있겠구나 하는 희망을 가지게 됐습니다. 논리의 핵심 요소는 두 가지입니다. 하나는 기호symbol, 또 하나는 규칙. 규칙이란 기호를 연결하는 툴tool입니다. 이 두 가지만 제대로 있으면 이 세상의 모든 비밀을 알아낼 수 있다는 믿음이 생겼습니다.

17세기에는 그 믿음을 그대로 가지고 있었습니다. 아리스토텔레스 이후 라이프니츠는 논리에 큰 업적을 남깁니다. 라이프니츠는 유명한 독일의 철학자이자 수학자입니다. 또 외교관이기도 했지요. 프랑스에 파견 갔을 때 독일과 프랑스가 협상테이블에 앉아서 이야기하는 내용을 듣다 보니 소통의 문제, 논리적이지 않은 문제는 인간의 언어가 각자 다르기 때문인 것을 인지합니다. 그래서 이 세상의 소통을 원활하게 하기 위해 완벽한 소통의 도구를 만들고자 합니다. 바로 수학이지요.

라이프니츠는 수학이 유일하게 오해가 없는 언어라고 생각했습니다. 수학은 증명의 학문이기 때문에 주장하고 싶으면 증명하면 되고 증명됐다면 믿으면 됩니다. 여기서 증명이라는 것은 논리의 규칙에 따라서 그 말이 맞는지 틀리는지를 검증하는 것을 말합니다. 그래서 언어를 수학같이 바꾸려는 시도를 하죠. 언어를 수학으로 바꾼다는 것은 수학화된 언어로 계산을 할 수 있게 되는 것입니다. 그래서 라이프니츠는 이진법을 만듭니다. 언어를 계산할 수 있는 숫자로 바꿔준 것이죠. 이 세상의 모든 것을 0과 1의 조합으로 바꿔서 대화할 수 있을 것이라고 기대했습니다. 지금 컴퓨터에서 사용하는 언어가 라이프니츠에 의해 탄생했습니다. 라이프니츠는 언어가 100퍼센트 0과 1로 표현될 수 있다면, 정말 독일 사

인간의 논리를 알고리즘으로 구현하다

람하고 프랑스 사람하고 만나서 싸울 필요가 하나도 없이 그냥 한 사람이 110…111 하고 또 한 사람이 001…001 하면 계산한 후, '어, 당신 말이 맞습니다' 하고 끝나면 된다는 거예요. 완벽하게 증명할 수 있으면 다다. 물론 실패했죠. 왜냐? 언어를 이렇게 표현할 수가 없으니까요.

라이프니츠는 재미있는 이론도 많이 만들었음에도 여전히 이상하게 독일철학에서도 칸트나 쇼펜하우어보다 인정을 못 받는 것 같아요. 그 이유 중 하나는 라이프니츠가 거의 논문을 안 썼기 때문입니다. 책도 거의 안 남겼지요. 자기 일기장에 썼거나 편지에 남긴 자료로 라이프니츠의 연구를 이해하고 있습니다. 남긴 글의 90퍼센트는 아직 번역도 안 됐습니다. 많은 사람들이 그 내용을 몹시도 기대하고 있지요. 지금 추정된 내용만으로도 미적분, 모나드론Monadenlehre, 최선의 우주 등이 있습니다. 간단히 설명해드릴게요.

라이프니츠는 미적분을 만들었습니다. 한동안 미적분을 누가 먼저 만들었느냐를 두고 라이프니츠냐 뉴턴이냐 논쟁이 많았죠. 물론 아이디어는 뉴턴이 먼저 냈다고 알려져 있습니다. 단, 라이프니츠 역시 독립적으로 그 아이디어를 떠올렸고 먼저 미적분에 관한 논문을 냈습니다. 뉴턴의 미적분은 지금의 미적분과 많이 다릅니다. 부호도 다르고 사용하는 기호도 다릅니다. 지금 사용하는 ds/dt 같은 미적분 기호들은 라이프니츠가 만들었습니다.

모나드론(단자론) 역시 라이프니츠에 의해 생긴 개념입니다. 도대체 우주의 본질이 뭘까 하는 의문점에서 시작한 개념이죠. 데모크리토스 같은 사람들은 본질이 원자라고 이야기한 적도 있습니다. 그런데 원자의 경우에는 원자들이 서로 부딪히고 이러면서 무언가를 만드는 거잖아요. 원자들이 부딪히면서 책상도 만들고 의자도 만들 수 있습니다. 그런데 아무리 생각해봐도 원자들이 서로 역할을 하더라도 만들 수 없는 게 하나 있더라는 거죠. 바로 우리의 정신입니다. 정신은 무엇으로도 만들 수 없을 것 같다고 생각한 것이죠. 따라서 우주는 원자로 만들어진 게 아니고 원자보다 더 본질적인 모나드, 그리스어로 점으로 만들어졌다고 이야기했습니다. 그리고 이 모나드 자체가 인간의 정신도 만들어냈다고 주장합니다. 라이프니츠가 모나드론을 만들어낸 본질적인 이유는 자유의지 때문입니다. 자유의지, 상당히 애매모호한 문제입니다.

우리 스스로의 생각으로는 팔을 들겠다는 의지만으로 팔을 들 수가 있습니다. 사실 이게 절대로 가능해서는 안 되는 일입니다. 팔을 든다는 과정은 물질적인 과정이고 에너지가 소비되는 과정입니다. 그 인과 과정들은 우리가 다 추적을 할 수 있지요. 그런데 자유의지, 인간의 정신에서 나오는 의지는 물질적인 현상이 아닙니다. 에너지를 소비하는 것 같지도 않아 보이죠. 에너지를 소비하지 않는 물질적이지 않은 것이 어떻게 물질에 영향을 줄 수 있을까. 만일 그렇다면 텔레파시도 가능해야 되고 텔레포테이션도 가능해야 되는데 그건 불가능해 보이잖아요.

물질적이지 않은 무언가가 물질적인 것을 움직일 수 있는 건 유일하게 자유의지밖에 없습니다. 내 머리 안에서 일어나는 것, 이런 일이 왜 가능할까 하고 질문을 끝없이 이어갑니다. 그 끝에 라이프니츠는 결론을 내리죠. 불가능하다. 자유의지라는 것은 사실은 존재하지 않는다. 우리가 인과관계라고 느끼는 것들은 사실 우주가 창조되었을 때부터 미리 프로그램되어 있었던 것predetermined harmony이라는 주장입니다.

◆

 또 하나 라이프니츠의 가장 유명한 아이디어는 **'창조할 수 있는 최선의 우주'**입니다. 라이프니츠는 17세기 사람이니까 당연히 신을 믿었습니다. 근데 논리적인 문제가 생기는 거예요. 신이 가지고 있어야 될 특징은 신이 어떤 존재든 적어도 두 가지 조건을 만족시켜야 됩니다. 첫째, 선해야 된다. 둘째, 완벽해야 된다. 근데 이 두 가지가 일치하지 않습니다. 분명히 신이 세상을 만들었는데 세상은 아무리 봐도 완벽이랑은 거리가 멀어요. 결국 완벽하고 자비로운 신이 만든 세상인데 왜 이렇게 나쁠까? 그 이유로 두 가지 선택지밖에 없다고 이야기합니다.

 첫째로, 신은 세상을 좋게 만들고 싶었는데 능력이 안 돼서 못 만들었다. 이 논리는 신이라는 존재에 위배됩니다. 반대로 신은 세상을 완벽하게 만들 수 있었지만 일부러 이렇게 만들었다는 것이죠. 이 논리에는 신이 선하다는 것에 위배됩니다. 따라서 신의 완결성과 신의 선함이 동시에 존재할 수 없게 된 거죠. 그 해답으로 찾아낸 아이디어가 '창조할 수 있는 최선의 우주'입니다. 이것은 쉽게 말해 세상을 만드는 그

때 가능한 우주의 숫자가 무한대로 있다는 생각이죠. 라이프니츠의 우주관은 평행우주입니다. 무한 우주가 가능하고 무한 조합이 가능한데 그중에는 선한 우주도 있고 악한 우주도 있고, 조금 선한 우주도 있고 조금 더 악한 우주도 있습니다. 이 무한의 우주들 중에서 대부분의 우주는 안정적이지 않다는 거죠. 이런 우주들은 모나드들의 균형이 맞지 않아서 확률적으로 오래가지 못합니다. 이론적으로 가능한 수많은 우주들 중 가장 안정적인 우주가 바로 우리가 살고 있는 우주이기에, 우리가 살고 있는 우주야말로 '창조할 수 있는 최선의 우주'라는 게 라이프니츠의 주장입니다. 물론 이런 논리는 말도 안 되는 이야기지만, 아리스토텔레스 이후 상상력과 창의성에서만큼은 라이프니츠를 능가할 철학자가 없을 듯합니다.

생각의 법칙

다시 논리의 전개로 돌아오겠습니다. 이진법 이후 이진법과 이진법을 연결해주는 도구의 필요성이 생겼고, 이를 해결해준 또 다른 천재들이 있습니다. 조지 불George Boole과 고트로브 프레게Gottlob Frege입니다. 조지 불은 19세기에 『생각의 법칙』을 썼습니다. 조지 불은 이 책에서 왜 라이프니츠가 실패했을까를 이야기합니다. 조지 불의 주장은 '모든 것을 이진법으로 표현은 할 수는 있지만 그것은 0, 1이라는 기호에 불과하다. 그 두 가지 기호만 가지고 표현은 할 수 있는데 논리가 제대로 작동하려면 이 기호들을 서로 연결해주는 규칙이 필요하다'입니다. 라이프니츠는 그 규칙을 만들지 못한 것이죠. 라이프니츠는 이 기호들을 인간의 문법으로 쓰려고 했습니다. 여기에 패착이 있었던 거죠. 기호는 수학으로 바꿨는데 문법은 영어나 독일어로 쓸 수밖에 없다는 이야기입니다.

그렇다면 언어를 기호적으로 표현하는 것뿐만이 아니고 기호들과 기호들 간의 관계도 수학적으로 표현을 해보자 해서 만든 것이 바로 지금 우리가 컴퓨터에서 사용하고 있는 불의 논리Boolean logic입니다. 이 문법은 몇 개 안됩니다. AND, OR, NOT, NAND…. 네다섯 개만 있으면 모든 걸 다 표현할 수가 있죠. 이제 문자도 있고 문법도 있으니 세상일을 표현할 수 있는 완벽한 언어가 생겼습니다. 세상일들 혹은 머릿속에서 일어나는 일을 기호화시킬 수 있고 표현한 것들을 서로 연결시키는 문법도 수학화하게 된 것입니다. 조지 불이 만들었고, 프레게는 불의 논리를 조금 더 보편적인 규칙으로 발전시킨 사람입니다. 프레게의 보편적 기호 시스템을 사용하면 '모든 x는 이렇다' 또는 '이런 특징을 가진 x는 존재한다' 같은 명제들을 논리적으로 표현할 수 있게 됩니다.

4장

인간의 논리를 기계에 심다

논리의 기계화 : 컴퓨터

그다음 분이 바로 앨런 튜링Alan Mathison Turing입니다. 앨런 튜링은 버트런드 러셀Bertrand Russell과 알프레드 노스 화이트헤드Alfred North Whitehead의 『수학원리Principia Mathematica』 다음 세대입니다. 러셀과 화이트헤드는 모든 수학을 논리만으로 만들어내려고 노력한 바 있습니다. 1+1=2를 증명하기 위해서 『수학원리』 362페이지나 읽어야 하죠. 아무것도 없음에서 시작해 완벽히 논리적인 법칙을 따라 세상을 증명합니다. 이 논리에 영향을 받은 다음 세대가 바로 앨런 튜링입니다.

러셀과 화이트헤드의 『수학원리』를 처음부터 끝까지 읽어본 사람은 거의 없을 것입니다. 그만큼 복잡하고 지루하기 때문이죠. 그러다가 2차 세계대전이 발발합니다. 영국, 미국, 그리고 독일에서 프로그래밍이 가능한 계산기, 즉 '컴퓨

*54·42. $\vdash :: \alpha \epsilon 2 . \supset :. \beta \subset \alpha . \mathfrak{g} ! \beta . \beta \neq \alpha . \equiv . \beta \epsilon \iota``\alpha$

Dem.

$\vdash . *54·4 . \quad \supset \vdash :: \alpha = \iota`x \cup \iota`y . \supset :.$
$\qquad \beta \subset \alpha . \mathfrak{g} ! \beta . \equiv : \beta = \Lambda . \mathsf{v} . \beta = \iota`x . \mathsf{v} . \beta = \iota`y . \mathsf{v} . \beta = \alpha : \mathfrak{g} ! \beta :$
[*24·53·56.*51·161]$\qquad \equiv : \beta = \iota`x . \mathsf{v} . \beta = \iota`y . \mathsf{v} . \beta = \alpha \qquad (1)$
$\vdash . *54·25 . \text{Transp} . *52·22 . \supset \vdash : x \neq y . \supset . \iota`x \cup \iota`y \neq \iota`x . \iota`x \cup \iota`y \neq \iota`y :$
[*13·12]$\quad \supset \vdash : \alpha = \iota`x \cup \iota`y . x \neq y . \supset . \alpha \neq \iota`x . \alpha \neq \iota`y \qquad (2)$
$\vdash . (1) . (2) . \supset \vdash :: \alpha = \iota`x \cup \iota`y . x \neq y . \supset :.$
$\qquad\qquad\qquad\qquad \beta \subset \alpha . \mathfrak{g} ! \beta . \beta \neq \alpha . \equiv : \beta = \iota`x . \mathsf{v} . \beta = \iota`y :$
[*51·235]$\qquad\qquad\qquad\qquad\qquad \equiv : (\mathfrak{g}z) . z \epsilon \alpha . \beta = \iota`z :$
[*37·6]$\qquad\qquad\qquad\qquad\qquad \equiv : \beta \epsilon \iota``\alpha \qquad (3)$
$\vdash . (3) . *11·11·35 . *54·101 . \supset \vdash . \text{Prop}$

*54·43. $\vdash :. \alpha, \beta \epsilon 1 . \supset : \alpha \cap \beta = \Lambda . \equiv . \alpha \cup \beta \epsilon 2$

Dem.

$\vdash . *54·26 . \supset \vdash :. \alpha = \iota`x . \beta = \iota`y . \supset : \alpha \cup \beta \epsilon 2 . \equiv . x \neq y .$
[*51·231]$\qquad\qquad\qquad \equiv . \iota`x \cap \iota`y = \Lambda .$
[*13·12]$\qquad\qquad\qquad \equiv . \alpha \cap \beta = \Lambda \qquad (1)$
$\vdash . (1) . *11·11·35 . \supset$
$\qquad \vdash :. (\mathfrak{g}x, y) . \alpha = \iota`x . \beta = \iota`y . \supset : \alpha \cup \beta \epsilon 2 . \equiv . \alpha \cap \beta = \Lambda \qquad (2)$
$\vdash . (2) . *11·54 . *52·1 . \supset \vdash . \text{Prop}$

From this proposition it will follow, when arithmetical addition has been defined, that $1 + 1 = 2$.

터'가 등장합니다. 이 컴퓨터를 두고 튜링은 논리를 기계가 처리한다면 사람이 하는 것보다 훨씬 빠르고 정확하게 법칙을 만들 수 있지 않을까 생각하게 됩니다. 컴퓨터는 사람보다 속도도 빠르고 계산이 정확하기 때문이죠. 사람은 기계보다 훨씬 많은 실수를 하니까요. 튜링은 '증명한다'라는 것이 무엇이고 '논리'라는 것이 무엇인가를 곰곰이 생각했습니다. 결국은 논리적으로 참이라는 것은 논리기계가 계산해낼 수 있는 것이라고 결론을 내리게 되죠. 이 논리기계가 우리가 '튜링기계'라고 부르는 가상기계입니다. 이 기계에는 몇 가지 기호와 규칙만 주면 됩니다. 기계는 규칙에 따라 계산을 하고, 계산할 수 있는 것은 참, 할 수 없는 것은 거짓인 거죠. 튜링은 여기서 머물지 않고 '보편적 튜링기계'라는 가상 기계를 제시합니다.

보편적 튜링기계의 특징은 보편적 튜링기계로 다른 튜링기계를 시뮬레이션할 수가 있는 것입니다. 우리가 사용하는 컴퓨터 역시 튜링기계입니다. 우리가 맥킨토시 컴퓨터로 윈도우 운영체제를 에뮬레이션 할 수 있는 이유는 이들 모두 다 결국 같은 보편적 튜링기계로 시뮬레이션 가능하기 때문입니다.

튜링기계 등장 이후에 인공지능이라는 단어가 처음 등장했습니다. 어떻게 보면 당연한 수순이겠지요. 컴퓨터라는 단어는 우리가 지금 알고 있는 컴퓨터가 생기기 전에 이미 생겼습니다. 2차 대전 중의 컴퓨터는 계산하는 사람이었습니다. 전쟁 중에는 대포를 쏘거나 포탄이 어디로 떨어지는지 계산을 해야 합니다. 계산 하나하나 자체는 간단해서 1,000여 명의 여자들이 큰 방에 자리 잡고 앉아 계산을 했습니다. 틀릴 수 있기 때문에 똑같은 계산을 적어도 다섯 팀이 나눠서 합니다. 이 계산에 동원된 사람들의 직업을 두고 컴퓨터라고 지칭했습니다. 이를 대체해주는 기계가 등장했고 그 기계에 자연스럽게 컴퓨터라는 이름이 붙게 됐습니다.

1940년대가 지나고 1950년대에 들어서자 컴퓨터를 설계한 사람들은 컴퓨터의 빠른 계산을 다른 일에 써볼까 생각합니다. 인간이 너무 어려워하는 미적분을 순식간에 해내는 것이 신기했나 봅니다. 그래서 몇몇의 수학자들과 과학자들이 1956년 미국 동부에 있는 다트머스 칼리지Dartmouth College에 모여서 컨퍼런스를 합니다. 여기서 인공지능이라는 단어

인간의 논리를 기계에 심다

가 처음 등장합니다. 여기 모인 사람들은 대부분 수학자들이었습니다. 논리 또는 논리철학, 수학을 연구하는 사람들이었죠. 여기에 모인 사람들은 인간에게 어려운 계산을 컴퓨터가 너무 잘하니까 다른 것도 시키면 잘하지 않을까 하고 생각했습니다. 인간이 프로그래밍만 잘해주면 기계가 훨씬 잘할 수 있을 것이라고 예상한 거죠. 이들은 인간의 지능을 컴퓨터로 만들 수 있지 않을까 생각을 한 것 같습니다. 그런데 인간이 하는 일은 엄청나게 여러 가지입니다. 이 모든 걸 한꺼번에 시켜볼 수가 없으니 인간이 하는 것 중에 가장 어려운 일을 시켜보자고 생각했죠. 가장 어려운 문제를 풀면 쉬운 문제는 누워서 떡 먹기로 쉽게 할 수 있을 것이니까요. 그럼 인간이 하는 것 중에서 가장 어려운 게 무엇일까를 결정해야 합니다. 인간이 하는 일 중에서 가장 어려운 게 뭘까요?

여기 모인 사람들은 수학자이다 보니 가장 어려운 게 수학이라고 생각했습니다. 수학이 제일 어렵고 그다음에 하나 정도 더 하자면 체스게임이라고 생각했어요. 본인들 취미생활이었으니까요. 컴퓨터에게 제일 먼저 증명을 시켜봤습니다. 러셀의 『수학원리』부터 시작했습니다. 러셀과 화이트헤드가 6년을 씨름하여 1,994장의 책으로 증명해낸 『수학원리』를 기계에게 시켜보기로 했습니다. 다음으로 체스게임을 시켰습니다. 그랬더니 컴퓨터는 『수학원리』를 증명하기 시작했고 아마추어 수준으로 체스를 두기 시작합니다. 그래서 1956년 컨퍼런스에 모였던 사람들은 다른 일들은 누워서 떡 먹기일 것이라고 예상했습니다. 예를 들어, 인간의 언어처리는 학부 학생이 여름방학 두 달이면 컴퓨터에게 심어줄 수 있을 것이라고 생각했죠. 하지만 이것이 현실화되지 않았다는 것은 우리 모두가 지금 알고 있습니다.

이후 어떤 일이 벌어졌을까요? 1950년도부터 정말 많은 시도를 했습니다. 체스게임을 하는 로봇도 만들었고 '흔들림Shakey'이라는 스탠퍼드 시스템도 있었습니다. 1980년대에는 '코그Cog'라는 MIT 로봇도 있었습니다. 정보이론을 만들어낸 클로드 섀넌Claude Shannon은 미로에서 자동으로 길을 찾는 로봇 쥐도 만들었죠. 항상 처음에는 잘되는 것 같았습니다. 그런데 조금만 더 하면 다 실패합니다. 도대체 왜 그럴까요? 왜 사람들은 쉬워하는 걸 이렇게나 어려워할까? 그 문제로 돌아온 거죠.

인간이 '쉽다'와 '어렵다'를 잘못 생각한 것에서 문제가 발생했습니다. 다시 말해 우리가 쉽다고 생각하는 일은 사람에게 쉽다고 생각되는 일인 것이죠. 어려운 문제도 사람한테 어렵다고 생각되는 것은 당연한 이야기입니다. 하지만 사실은 걸어 다니는 것, 물체 인식하는 것, 목소리를 알아듣는 것이 정말 어려운 문제였던 것이죠. 생물체는 진화과정에서 그 문제는 꼭 풀었어야 했습니다. 표범과 고양이는 구별할 수 있어야 살아남고 구별 못 하면 죽는 거니까요. 그러다 보니 진화과정에서 물체 인식하고, 걸어 다니고, 공을 받아치는 문제가 해결된 겁니다.

답은 뇌 안에 신경회로망으로 가지고 있습니다. 결국 우리는 답을 알고 있기 때문에 쉬웠던 거죠. 단, 진화과정에서 고등수학 문제들은 풀 필요가 없었습니다. 뇌가 정답을 모르니 우리는 그냥 문제 자체가 어렵다고 생각했던 겁니다.

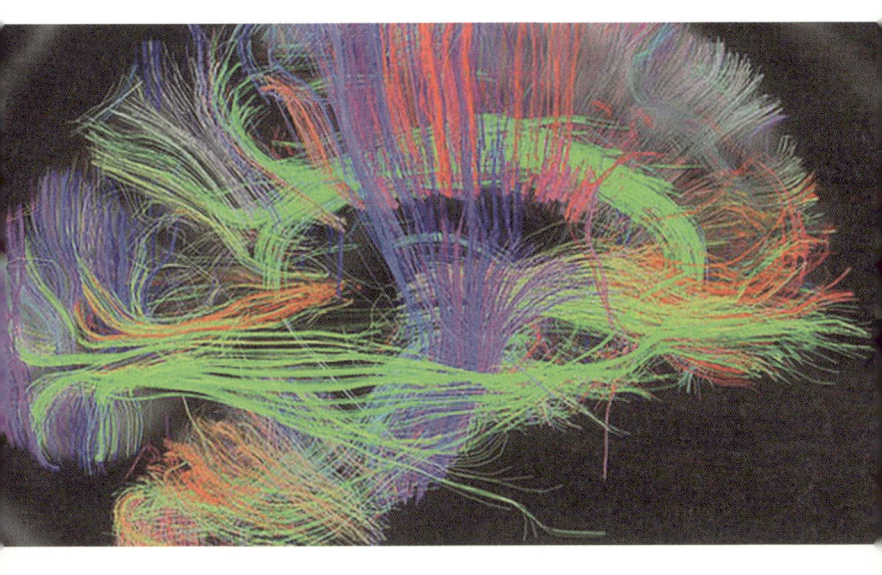

문제의 복잡성 vs 기계의 복잡성

 결국 최근에서야 2,500년 동안 시도했던 기계에 지능을 넣는 방법이 잘못됐다는 결론을 내렸습니다. 2,500년 전부터 이어져온 서양식 사고의 기초가 바뀌었죠. 지금까지 해왔던 것과는 전혀 다른 본질적인 문제가 있음을 깨달았습니다. 우리가 맨날 문제를 쉽고 어렵다고 이야기할 때, 우리한테 쉬운 걸 쉽고 우리한테 어려운 걸 어렵다고 이야기했는데 그게 틀릴 수도 있겠구나 하고 깨닫게 되었습니다. 쉽고 어렵다는 것의 근원적인 정의가 달라야 된다고 생각하게 됐죠.

 인공지능개발을 선도하고 있는 IBM과 미국 국방고등기획국에 따르면, 쉬운 문제는 환경요인(외부요인) 대비 복잡도가 낮다고 정의해야 한다고 합니다. 쉽게 이야기하자면 표현하기 쉬운 문제, 혹은 이미 알고 있는 것으로 표현할 수 있는 문제를 쉽다고 정의해야 하는 것이죠. 이 표현은 우리가 흔히 말하는 알고리즘 형태로 입력됩니다. 문제를 표현하는 것이 길어진다는 것은 뇌가 됐든 컴퓨터가 됐든 복잡해지는 것입니다. 이를 해결하려면 더 빨라져야 하고 트랜지스터가 많아져야 하는 것이죠.

폰 노이만von Neumann 기계는 튜링기계의 특정 타입이면서 지금 우리가 사용하는 대부분의 컴퓨터를 지칭하는 말입니다. 이 기계는 입력해준 간단한 문제, 즉 앞서 우리가 다시 정의한 쉬운 문제를 아주 쉽게 풀어냅니다. 간단한 문제일수록 더 빨리 풀 수 있어요. 그런데 어느 한순간 문제가 복잡해집니다. 여기서 복잡하다는 것은 복잡도가 높아져서 문제 자체를 표현하는 알고리즘의 수순이 모호해진다는 것입니다. 이때부터 기계는 아무리 빨라져도 문제를 해결하지 못하는 큰 벽에 부딪힙니다.

하지만 인간의 경우에는 처음에 알고리즘으로 표현할 수 있는 쉬운 문제를 느리게 풉니다. 그러다가 어느 한순간은 문제가 복잡해져서 알고리즘으로 표현이 안 되고 모호해지더라도 언젠가는 풀어내죠. 그렇다면 이 차이가 도대체 뭘까요, 컴퓨터와 뇌의 차이는 무엇일까요?

존 폰 노이만: 『컴퓨터와 뇌』

뇌와 컴퓨터의 차이에 대해서는 이미 1950년대 존 폰 노이만John von Neumann을 통해 정의가 내려졌습니다.

폰 노이만은 컴퓨터에서 가장 중요한 것은 분리된 CPU와 메모리라고 이야기했습니다. 메모리에는 기억을 가진 것처럼 정보를 심어두어야 하고 CPU는 계산을 해내는 영역이라고 말했죠. '계산하는 방'과 '기억'은 분리시켜놔야 한다는 것이 기본 구조입니다. 그 덕분에 우리는 여전히 폰 노이만 기계를 사용하고 있습니다.

폰 노이만은 1958년에 『컴퓨터와 뇌The computer and the brain』라는 책을 썼습니다. 이 책 내용 중에 폰 노이만은 '사실 정말 이해하고 싶었던 것은 뇌다. 근데 그것을 이해하기 위해서 컴퓨터 구조를 만들고 설계를 했는데 가만히 생각해보니까 실수한 것 같다'라고 썼습니다. 그러니까 폰 노이만은 컴퓨터를 설계할 때 뇌를 모방했다고 생각했는데 알고 보니 본질적인 차이가 있었음을 깨달은 거죠.

5장

인간이 만든 기계의 뇌가
인간답지 않음을 깨닫다

병렬 연산

폰 노이만의 컴퓨터는 CPU와 메모리가 분리된 구조입니다. 지금 우리가 쓰는 노트북, 컴퓨터는 당연히 다 폰 노이만 기계입니다. 컴퓨터가 계산하는 걸 보면 복잡한 계산도 한 줄씩 합니다. 그리고 그 한 줄은 아주 기본적이고 논리적인 것을 계산하지요. 그리고 거기서 얻은 답을 그다음 줄로 보내서 수천수만 줄을 이어가면 그 과정이 굉장히 많음에도 워낙 빠르고 답이 정확하다 보니 복잡한 문제를 해결할 수 있게 되는 것입니다. 이것을 두고 폰 노이만은 컴퓨터에는 논리의 깊이가 있다고 생각했습니다. 수천 줄, 수만 줄이 길고 깊게 이어지는 논리인 거죠. 4,000만 줄의 윈도우7 시스템의 경우에는 4,000만 층의 논리적 깊이를 가졌습니다.

근데 뇌는 가만히 보니 그런 것 같지 않습니다. 첫째로 뇌

Fast, high precision
BUT: low connectivity

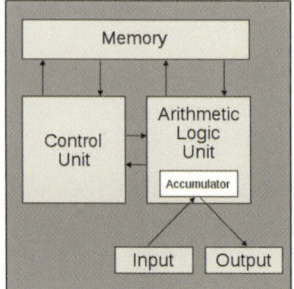

Slow, low precision
BUT: high connectivity

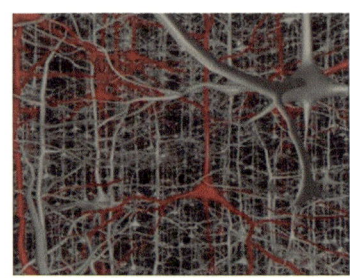

논리의 깊이

논리의 폭

안에 10^{11}개의 신경세포가 서로 엄청나게 연결이 되어 있습니다. 그런데 이 신경세포들의 특징은 정말 느리다는 거죠. 1초에 한 수십 또는 수백 번 계산하면 많이 하는 겁니다. 우리가 흔히 쓰는 컴퓨터 CPU 속도가 기가헤르츠GHz가 넘는다는 걸 생각하면 신경세포들은 너무나도 느린 거지요. 또 하나는 답이 정확하지가 않아요. 확률적인 답을 냅니다. 그러다 보니 문제가 생기는 거죠.

둘째로, 한 줄마다 계산된 답이 정확도가 떨어지다 보니까 점점 가면 갈수록 답이 틀립니다. 그래서 폰 노이만이 계산을 해보니 뇌 같은 경우에는 무슨 일이 있어도 수백 단계 이상은 못 하고, 수백 단계 이상 넘어가면 계산이 다 틀린다고 결론을 내렸죠. 그런데 우리의 뇌는 분명히 계산을 합니다, 아니 적어도 계산적 오차가 크더라도 대부분 정확한 반응과 행동을 합니다. 그렇다면 뇌의 논리와 뇌의 계산법은 컴퓨터 같은 깊이 위주가 아니고 다른 방법일 거라고 생각했습니다. 그래서 폰 노이만은 뇌는 넓은 폭의 논리를 사용한다고 생각했습니다. 그래서 병렬 연산을 제시한 거예요. 병렬적으로 연산한다는, 즉 한꺼번에 하나하나 하는 것이 아니라 아주 넓게 계산한다는 아이디어를 제시했죠.

두개골 속 1.5kg의 뇌

뇌 안에 10^{11}개 정도 되는 상당히 많은 신경세포들이 있고, 신경세포 하나들은 수천 개 또는 수만 개의 다른 세포들과 연결되어 있습니다. 뇌를 아무리 해부해봤자 영상도 없고, 기억도 없고, 자아도 없고, 감성도 없고, 아무것도 없고, 유일하게 존재하는 건 끝없이 많은 시냅스들입니다. 그것만 가지고 계산을 하고 문제를 해결합니다.

현재 뇌과학에서는 전두엽이 인간의 판단력을 좌우한다고 알려져 있습니다. 판단한다는 것은 계산의 일종이라고 볼 수도 있습니다. 그리고 동일하게 일치된 판단을 두고 성격이라고 생각하기도 하죠. 성격이란 건 매우 복잡하게 형성될 것이라고 생각합니다. 유전적인 이유도 있을 것 같고, 어렸을 때의 교육, 환경, 선생님, 친구 이 모든 게 합쳐져서 나의 성

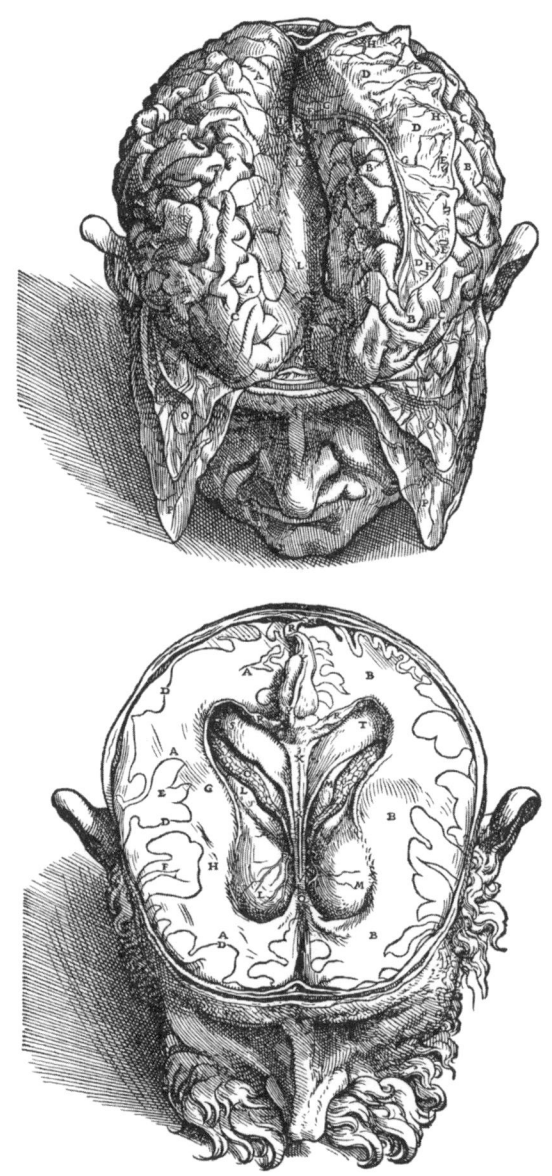

인간이 만든 기계의 뇌가 인간답지 않음을 깨닫다

격, '나는 누구인가'를 만들어냈다고 우리는 생각하죠. 하지만 전두엽에 있는 세포 수십만 개만 망가뜨려도 그 사람의 성격은 완전히 변할 수 있습니다.

또 기억 역시 우리가 막연히 생각하는 것과는 전혀 다릅니다. 해마만 도려내면 앞으로의 기억은 저장되지 않습니다. 폰 노이만 기계는 메모리와 CPU를 분리하여 작동시키는 것이 핵심입니다. 하지만 뇌의 메모리는 컴퓨터와 완전히 다릅니다. 컴퓨터는 망가지지만 않으면 저장된 정보를 그대로 끄집어낼 수 있습니다. 하지만 뇌는 절대 불가능하죠. 우리가 눈을 뜨고 며칠만 돌아다니더라도 엄청난 양의 정보가 만들어집니다. 이 모든 정보를 뇌에 100퍼센트 입력했다가는 정보량이 꽉 차서 뇌가 아무것도 못합니다.

그래서 인간의 뇌는 각 상황에서 저장할 가치가 있는 정보와 저장할 필요가 없는 정보를 구별하여 저장합니다. 그리고 그 구별한 정보들도 압축을 합니다. 아주 굵은 가지만 남겨두죠. 그리고 그 기억을 나중에 기억할 때에는 내가 예전부터 알았던 이야기, 내가 들은 이야기, 남들이 나한테 보여주는 이야기, 그런 것들을 합쳐서 새롭게 이야기를 만들어서 기억한다고 생각합니다. 다시 말하자면 '기억한다'라는 것은 어디에다 정보를 저장했다가 가져오는 것이 아니고 매번 새로 만들어내는 것이나 다름없죠.

뇌에서는 정보가 무늬(패턴) 위주로 입력됩니다. 예를 들어, 우리가 단어를 들으면 뇌의 한 영역에서 어떤 패턴이 생깁니다. 이 패턴 자체를 우리가 눈으로 보면 차이를 알 수 없겠지만 통계학적 방법으로 분석하면 결과를 얻을 수 있습니다. 우리는 살아 있는 생명체를 보았을 때 뇌에서 비슷한 패턴을 만듭니다. 살아 있는 것 중에서도 사람을 볼 때 서로 비슷하고, 사람을 봐도 사람 얼굴을 볼 때 더 비슷합니다. 이런 유사도는 원숭이의 뇌에서도 동일하게 생깁니다.

이 결과를 통해서 두 가지 새로운 지식을 얻게 됩니다. 첫째는 원숭이도 인간과 비슷하게 세상을 본다는 것, 둘째는 인간의 뇌가 사물을 인식하는 사전을 만들 수 있게 된 것입니다. 뇌에서 일어나는 신경망 패턴을 사전화하면 패턴만 보고도 무엇을 보았는지 읽을 수 있게 됩니다.

이렇듯 뇌는 정보를 획득하는 방법이 컴퓨터와 완전히 다릅니다. 뇌가 두개골 속에 있기 때문이죠. 컴퓨터는 정보를 가감 없이 입력합니다. 매개체를 거치지 않죠. 뇌는 사실 현실을 알 수가 없습니다. 세상을 직접 보지 못하니까요. 뇌는 눈, 코, 귀 등 오감을 통해서 들어오는 정보를 패턴화하여 저장하고 그것을 해석합니다.

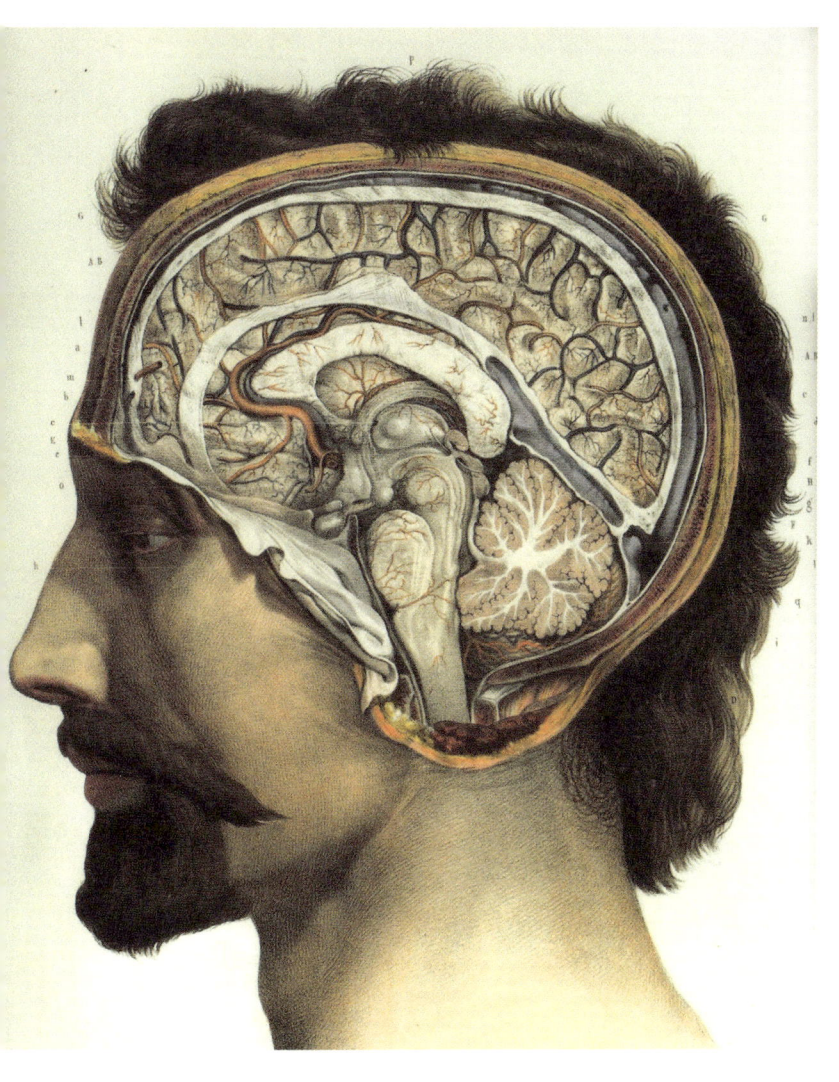

뇌가 만드는 착시

 뇌가 직접 세상을 보는 것이 아니다 보니 세상을 있는 그대로, 객관적으로 이해를 하려면 눈, 코, 귀가 완벽해야 합니다. 하지만 문제는 눈, 코, 귀가 절대로 완벽하지 않다는 겁니다. 특히 눈은 여러 가지 문제가 있습니다. 눈이 해야 되는 임무가 무엇일까요? 눈은 물체에서 반사된 광자를 렌즈로 모은 다음에 그 렌즈에서 모은 빛을 망막에 영사시키는 역할을 합니다. 망막에는 여러 계층의 세포들 있는데, 그 세포들에는 광수용기photo-receptor라는 세포들이 있어서 빛에 반응을 합니다. 광수용기 세포들은 빛을 전기에너지로 바꿔서 뇌에 전기신호를 전달합니다. 인간의 망막은 뒤집어진 상태로 발달했습니다. 그래서 맹점이란 것이 존재하죠. 또 망막 안에는 상당히 많은 세포들과 혈관들이 있기 때문에 빛이 들어오면 그것의 그림자가 생기기도 합니다. 분명 눈 안에서는 그림자도 생기고 맹점도 있는데 뇌에서는 그것을 다 제거하여 보여줍니다. 우리 눈으로 들어오는 큰 그림들을 그대로 받아들이는 것이 아니고 차이 값만을 인식한다는 것이죠.

눈, 코, 귀가 완벽하다면 뇌가 해석을 할 필요가 하나도 없습니다. 우리의 눈, 코, 귀가 너무나 많은 문제를 가지고 있기 때문에 뇌는 눈, 코, 귀가 주는 정보를 있는 그대로 믿지 않게 되었죠. 뇌가 오감을 통해 정보를 획득한다는 것은 뇌가 해석을 한다는 것이고 해석을 한다는 것은 실수의 여지가 있을 수도 있음을 뜻합니다. 뇌가 하는 해석이 객관적이지 않다는 것이죠.

같은 물체를 분명히 우리 눈이 다르게 보는 거잖아요. 뇌과학적으로 해석을 할 수 있습니다. 현대 뇌과학에서는 인간의 믿음, 생각, 지각, 느낌, 기억 대부분이 착시현상일 거라고 생각합니다. 착시현상이 나쁘다는 게 절대 아니고 오감이 전달해준 정보, 내가 실질적으로 경험한 거에 플러스알파로 해석이 포함되어 있다는 거예요. 사실 이 해석 없이는 우리는 세상을 알아볼 수 없겠죠.

옆에 앉아 계신 분들 한번 쳐다보세요. 친구, 가족 혹은 동료. 어떻게 생겼습니까? 잘생겼나요, 못생겼나요? 옆 사람이 잘생겼든 못생겼든 사실은 아무 상관이 없습니다. 왜냐하면 사실 우리는 다들 이렇게 생기지 않았기 때문이죠. 무슨 이야기냐 하면 제가 여러분들의 망막을 측정해보면 망막에서 얻을 수 있는 대부분 정보는 광자들의 확률분포밖에 없다는 거죠. 색깔, 형태, 입체감은 뇌가 만들어낸 착시현상이라고 알려져 있습니다.

다시 말해서 세상은 존재하겠죠. 무언가는. 그 존재하는 세상이 지금 우리 눈에 보이는 대로, 절대로 이렇게 생기지 않았다는 거죠. 어떻게 생겼는지 우리는 도저히 알 수가 없습니다. 엄밀히 말하자면 그 질문 자체도 사용해서는 안 되겠죠. 어떻게 생겼냐는 질문을 한다는 건 누군가가 이미 보고 있는 것이니까요. 세상에 있는 무언가가 눈을 통해서 뇌로 들어오면 그 뇌가 해석한 결과물들을 우리가 지금 보고 있는 거죠. 지금 우리 눈에 보이는 세상은 인풋input이 아니고 아웃풋output입니다. 이미 계산이 다 끝난.

그렇다면 계산이 다르면 당연히 세상이 다르게 보이겠죠. 어떻게 계산이 다를 수 있을까요? 같은 물체를 보는데? 뇌가

다르면 계산이 다르겠죠. 예를 들어, 고양이 같은 경우에는 뇌 구조 자체가 색깔을 잘 못 알아봅니다. 고양이 눈에는 세상이 흑백으로 보이겠죠. 박쥐 같은 경우에는 세상을 초음파로 바라봅니다. 초음파로 본 세상이 어떻게 생겼는지 우리는 상상할 수 없어요. 우리는 할 수 없으니까요. 그러니까 박쥐가 잘 날아다니는 걸로 봐선 세상을 잘 인식하는 것 같긴 하지만 초음파로 본 세상이 어떻게 생겼는지 우리는 알아볼 수가 없다는 거죠.

비슷하게 우리 뇌에는 10^{11}개의 신경세포들이 10^{15}개의 시냅스라는 연결선으로 연결되어 있습니다. 그중 3분의 1 정도는 유전적으로 만들어지고, 3분의 1은 환경을 통해서 만들어지고, 나머지 3분의 1은 그냥 랜덤으로 만들어집니다. 결국 일란성 쌍둥이도 100퍼센트 동일한 뇌를 가질 수 없다는 거죠. 랜덤 정도가 다를 테니까요. 게다가 우리는 일란성 쌍둥이들도 아닙니다. 그러니까 상당히 많은 차이가 있겠죠. 유전적으로도 다르고, 다른 환경에서 자랐고, 랜덤은 어차피 랜덤이니까.

지금 이 순간에도 우리 눈에는 세상이 조금씩 다르게 보입니다. 여기서 궁금한 게 한 가지 있죠. 우리 눈에 세상이 다르게 보이는데 왜 우리는 다들 같은 세상에 산다고 생각하고 있을까요?

아주 유명한 착시현상인데요. 이렇게 설명을 해드릴게요. 제가 지금 제 손에 빨간 사과를 하나 들고 여러분들한테 물어보는 겁니다. '이거 빨간 사과 맞죠?' 그러면 분명히 빨간 사과라고 하실 거예요. 빨간 사과를 들고 있으니까. 그런데 다시 한 번 생각해보면 제 눈에 보이는 사과의 색깔은 사실 완벽한 빨간색은 절대로 아니잖아요. 사과의 색깔은 노란색도 있고, 하얀색도 있고, 점도 있고, 패턴도 있고, 상당히 애매모호하고 복잡한 색깔이에요. 근데 이 애매모호하고 복잡한 색깔을, 제 눈에 보이고 인식할 수 있는 색깔을 완벽하게 표현할 수 있는 언어가 존재하지 않습니다.

그러다 보니 우리가 느끼고 보는 것에 대해서 가장 가까운 단어는 '빨강'이라는 단어일 것이고 그래서 저는 이걸 빨간 사과라고 언어로 표현하겠죠. 나와는 다르게 보는 것이 분명하지만 각자의 머릿속에서 보이는 색과 가장 가까운 언어는 '빨강'입니다. 그래서 '빨갛죠?'라고 물으면 '네, 빨갛습니다'라고 응답하죠. 이 과정에서 우리는 서로 이해하고 소통했다는 착시를 얻게 되는 겁니다.

언어의 해상도 vs 인식의 해상도

여기에서의 핵심은 언어의 해상도가 인식의 해상도보다 훨씬 더 낮음에 있습니다. 인식의 해상도는 우주의 해상도보다 훨씬 더 낮겠지요. 이렇다 보니 수학적인 문제가 생기게 됩니다. 매니 투 원 맵핑Many to one mapping이란 것이 있습니다. 예를 들어, 생각과 언어를 봤을 때 상당히 다양한 생각들이 동일한 단어로 맵핑mapping될 수가 없겠죠. 왜냐하면 생각의 숫자가 언어의 숫자보다 훨씬 더 많으니까요. 일대일 매칭matching이 안 되는 거죠. 따라서 단어만 보고 역으로 '어떤 생각을 했었는가?'라는 재구현 역시 불가능합니다.

핵심은 우리가 말, 단어만 통해서는 상대방의 생각을 절대로 파악할 수가 없다는 겁니다. 그건 수학적으로도 너무나 당연한 사실입니다. 저희가 이 착시현상을 보여줄 때, 항상 시각적인 착시를 보여주는 이유는 (사실 시각적인 착시뿐만이 아니라 상당히 많은 착시가 있지만) 그래도 시각적인 착시는 우리가 증명을 할 수가 있기 때문이죠. 그렇지만 생각의 착시 그건 정말 증명하기가 어려워요. 누구 생각이 맞는지 우리가 어떻게 알겠어요?

착시들이 재미있는 이유는 우리가 착시의 진실을 과학적으로 다 이해했음에도 여전히 눈에서 착시는 일어난다는 겁니다. 심리학자들은 알면 알수록 세상이 다르게 보인다고 하고, 뇌과학자들은 아무리 알아도 세상이 똑같아 보인다고 하는 이유가 여기에 있지요.

이렇게 인간의 뇌가 컴퓨터와 근본적으로 다름을 알게 되었습니다. 인간의 지능을 모방한 인공지능을 만들기는 다시 원점으로 돌아갔습니다. 인간의 뇌가 세상을 읽는 방법으로 컴퓨터도 학습을 시켜야 한다는 것이죠. 언어의 다양한 해상도를 이해하는 도구가 필요해졌습니다.

인간의 뇌

 인간의 뇌가 하는 해석에 대해 조금 더 이야기해볼까 합니다. 몇 년 전 모 햄버거 프랜차이즈 회사에서 커피를 런칭하며 동일한 커피를 주고 가격을 속인 후 어떤 커피가 더 맛있냐고 묻는 인터뷰 형식의 광고가 기억나시는지 모르겠습니다. 이 광고 속 인터뷰이들은 비싼 커피가 더 맛있다고 이야기했죠. 여러 가지 이유를 대면서 말입니다. 하지만 동일한 커피였지요. 이것 역시 뇌가 스스로 판단하는 착시현상과 다르지 않습니다.

 이 실험의 핵심은 '두 커피가 동일하다'입니다. 두 커피는 물리적으로 같은 것이지요. 그리고 인간의 뇌는 스스로 '비싼 것이 더 좋다'라는 이전의 경험이 프로그래밍되어 있습니다. 앞서 인간의 기억은 큰 가지만 저장한다고 말한 적이 있습니다. 이후에 그 기억을 떠올리는 것은 큰 가지에 자신의 이전 경험을 바탕으로 스토리텔링하는 것이지요.

다시 말해, 아주 짧은 시간의 경험도 우리 뇌는 재해석을 하게 하는 여지를 둔다는 것입니다. 여기서의 재해석이란 동일한 커피를 마셨을 때 혀가 느끼는 동일한 감각을 뇌가 이전의 경험으로 재해석한다는 것입니다. 혀를 믿지 않는 거죠. 과학이나 공학에서는 데이터와 모델이 일치하지 않으면 모델을 수정하라고 배웁니다. 하지만 뇌는 그렇게 하지 않죠. 비싼 것이 더 좋다는 모델을 만드는 데 2, 30년이 걸렸습니다. 혀를 통해 감각으로 들어온 시간은 겨우 1초 남짓이죠. 20년을 걸려서 만든 모델을 1초의 경험으로 바꾸는 것은 효율성이 떨어진다고 생각해서 절대 수정하지 않습니다. 물론 조현병 환자에게는 가능한 일일지도 모르겠습니다.

인간은 '나는 누구인가'라는 모델을 계속 유지해야 하고, 앞의 실험에서는 뇌가 재해석하여 이미 선택했습니다. 그런데 그 선택이 어딘가 찜찜합니다. 혀는 계속 맛이 똑같다고 하거든요. 이때 뇌는 이미 내린 선택을 정당화시키는 선호도를 만들어냅니다. 그 선호도의 복잡성은 끝이 없습니다. '향이 더 좋고 설탕을 넣지 않아도 맛이 좋고' 등의 이유를 만들어내는 거죠. 상황을 정확히 모른다면 충분히 믿을 만한 이야기들로 만들어냅니다. 내 머리에서 무언가가 일치하지 않는다는 증거겠지요. 인풋과 아웃풋이 일치하면 아무런 변명을 할 필요가 없어요. 일치하지 않기 때문에 변명이 길어지고, 말이 길어지고, 강연도 하고, 책도 쓰고 하겠지요.

이런 뇌를 조금 더 면밀히 이해하기 위해서는 뇌의 발달과정을 이해해야 합니다. 기계의 프로그램은 한 번 디자인하고 나면 더 이상 스스로 발달하지는 않습니다. 하지만 뇌는 끊임없이 발달을 하죠. 발달과정을 주의 깊게 살펴봐야 합니다.

뇌 안에 10^{15}개의 시냅스가 있습니다. 즉, 뇌 안에는 어마어마하게 큰 주소록이 하나 있다고 볼 수 있죠. 각각의 신경세포가 어떻게 연결되어 있는지에 대한 정보가 엄청나게 많습니다. 이 정보량을 대략 추정해보니 모든 시냅스들의 위치와 연결은 유전적으로 전달될 수 없다는 결론이 나옵니다. 부모님에게서 물려받는 DNA에 시냅스 정보만 집어넣더라

인간이 만든 기계의 뇌가 인간답지 않음을 깨닫다

도 저장공간이 모자랍니다. DNA는 시냅스 정보 말고도 저장해야 할 정보가 많습니다. 머리카락 색깔, 피부색, 키, 손가락, 발가락 개수도 DNA로 코딩해야 합니다.

그렇기에 뇌는 새로운 방법을 고안합니다. 사람을 포함해 대부분의 생물들의 뇌를 완성되지 않은 상태로 태어나게 하는 것이죠. 10^{15}개나 되는 신경세포들의 연결고리를 대한민국의 큰 지도라고 상상해봅시다. 도시가 처음 생겼을 때에는 아주 큰 길들만 완성되어 있습니다. 고속도로 정도만. 그 고속도로가 우리가 물려받은 30~50퍼센트 정도의 아이큐라고 보면 됩니다. 운이 좋으면 고속도로가 많고, 운이 덜 좋으면 고속도로가 몇 개 없겠지요. 그런데 그건 30~50퍼센트에 불과해요. 서울에서 부산까지 가는 고속도로는 이미 유전적으로 가지고 태어났지만 부산에 도착했는데 부산에서 내 집까지 가는 길, 즉 나머지 퍼센트는 아직 완성이 되지 않은 상태로 태어났습니다. 그리고 거기서부터의 길은 랜덤하게 만들어져 있습니다. 그럼 그 랜덤하게 만들어진 길에서는 몇 개는 맞을 수도 있고 몇 개는 틀릴 수도 있겠지요. 이것을 어떻게 결정할까요?

인간을 포함한 모든 동물들은 태어나서부터 한정된 시간을 가지고 있는데, 그 기간을 '결정적 시기'라고 부릅니다. 그 기간은 정해져 있습니다. 오리는 태어나서 1~2시간, 고양이는 태어나서 4~8주, 원숭이는 태어나서 1년, 사람은 태어나서 10~12년이라고 알려져 있죠. 그 기간 동안은 뇌가 젖은 찰흙 같아서 자주 사용되는 길들은 살아남고 자주 사용되지 않는 길들은 뇌 안에서 싹 지워버립니다. 쉽게 말하면 대한민국의 아기가 대한민국에서 태어나서 한국어를 듣고, 한국 사람 얼굴을 보고, 한국 음식 냄새를 맡으면 거기에 관련된 신경세포들은 자꾸 자극을 받아서 살아남습니다. 하지만 스웨덴에서만 필요한 악센트, 미국의 치즈 냄새, 핀란드의 언어 등은 한 번도 경험을 하지 못해서 그와 관련된 신경세포들은 결정적 시기에 다 죽어버리죠.

결정적 시기를 한 특정 상황에서 보내다 보면 아주 자연스럽게 이 상황에 최적화된 뇌가 만들어지게 됩니다. 일종의 학습이라고 이해할 수 있지요.

6장

언어와 논리를 넘어
빅데이터로 학습하다

전통적인 인공지능의 퇴장

　서양철학 2,500년의 프로젝트를 떠올려봅시다. 그 프로젝트의 핵심은 세상을 두 가지로 설명할 수 있다고 믿은 거잖아요. 기호와 규칙. 무슨 이야기냐 하면 세상에서 일어나는 현상뿐만 아니고 내 머리에서 일어나는 것을 100퍼센트 표현할 수 있는 기호들이 존재한다고 믿는 것입니다. 내 머리 안에서 일어나는 현상의 순서를 표현할 수 있는 규칙이 존재한다는 가설하에 서양철학자들이 그것을 찾으려 2,500년 동안 애쓴 것이죠. 그리고 그것을 인공지능이 시도했었습니다. '내 머리 안에서 이런 일들을 기호와 규칙으로 시뮬레이션할 수 있다면 사람하고 똑같이 지능을 만들어낼 수 있겠구나'라는 아이디어에서 시작했죠.

그것이 불가능하다는 것을 인정하는 데에 이렇게 오래 걸린 이유는 이 논의가 서양철학의 아주 본질적인 가설이기 때문에 그런 것 같습니다. 세상을 표현하고 표현을 통해서 이해할 수 있다는 거죠. 여기서 표현이라는 것은 당연히 언어입니다. 언어는 굳이 영어, 한국어를 이야기하는 것이 아니고 기호로 표현할 수 있는 세상을 말하는 것입니다. 다시 말해, 표현한 기호들 간의 관계 혹은 논리적인 관계를 통해서 세상을 이해할 수 있다는 시도였지요. 그런데 그렇지 않았습니다. 말했던 것처럼 기계한테 열심히 설명을 하려고 노력을 했었는데 결국 안 됐습니다. 인공지능 역시도 1950년대부터 모든 이론과 우리가 알고 있는 모든 것을 동원하고 투자해서 인공지능시스템을 만들었음에도 실험실에선 잘되는데 진짜 현실에 나가면 다 무용지물입니다. 도저히 안 됐죠.

전통적인 인공지능은 여전히 강아지와 고양이를 구별을 못 합니다. 강아지와 고양이도 구별을 못 하는데 뭘 하겠어요. 인공지능이 아닌 거죠. 인공지능을 연구하는 사람들이 생각을 고쳐먹었습니다. '우리가 아무리 시도를 해도 설명으로는 기계가 세상을 인식하지 못하는데 사람은 분명히 할 수 있다. 그러면 우리는 어떻게 강아지와 고양이를 구별하는 걸

배웠을까?'를 먼저 생각하게 되었습니다. 곰곰이 생각해보니 아무리 기억해봐도 부모님이 우리한테 강아지란 무엇인가 설명해준 적이 없습니다. 그 어떤 부모님도 세 살짜리 어린아이를 앉혀놓고 '강아지는 무엇이다'라고 설명하지는 않는다는 거죠.

따라서 우리는 현실이라는 우주에서 가장 큰 빅데이터를 통해 경험하고 학습하여 지능을 얻은 것 같습니다. 세상을 알게 된 거죠. 결국 우리가 보통 이야기하는 지능, 세상을 알아보는 능력은 설명을 통해서 배우는 게 아니고 경험과 학습을 통해서 배웁니다. 이제 사람들은 뇌가 세상을 인식하는 과정을 열심히 연구했습니다. 그리고 그 방법들이 20세기에 들어와 밝혀지기 시작했습니다.

계층구조는 표현을 압축한다

 뇌의 시각 정보를 프로세싱하는 신경세포망들을 논리적으로 나누다 보니 뇌는 계층적인 구조를 가지고 있더랍니다. 10층에서 15층 정도 되는 구조로 차곡차곡 쌓여 있죠. 한 10층에서 15층 정도되는 큰 빌딩이라고 생각하시면 됩니다.

 가장 아래층은 실제로 눈에 들어오는 정보들을 가장 먼저 보는 신경세포층입니다. 어떤 일을 하고 있나 한번 봤더니, 이 신경세포들은 영상을 있는 그대로 분석하지 않고 영상의 가장 작은 단위, 한 픽셀pixel과 픽셀 간의 통계적인 인과관계를 분석하고 학습해서 가장 압축된 표현을 만들어냅니다. 그다음 층에 위치한 신경세포들은 이 압축된 현상으로 압축된 표현을 이끌어내지요. 현상을 만들어내면 그 현상을 2층에 있는 신경세포에 보내고 2층에 있는 신경세포는 더 이상 현

Hierarchical Processing in the Visual System

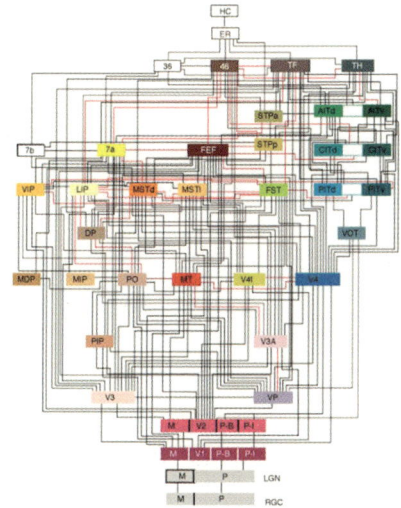
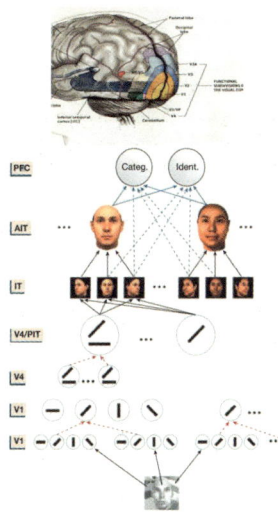

언어와 논리를 넘어 빅데이터로 학습하다

실에는 관심이 없고, 1층에서 보낸 압축된 현상을 가지고 또 압축된 표현을 만듭니다. 압축에 압축된 표현. 이런 식으로 계속 10층, 15층까지 올리면 맨 위층의 신경세포들은 많은 변이가 있는 강아지라도 강아지로 알아볼 수 있게 됩니다.

다시 말해, 인간의 사물 인식 과정은 어떻게 보면 대기업 구조를 가졌다고 이해하면 됩니다. 맨 아래층의 신입사원들은 정말 아는 게 없죠. 신입사원들이 알고 관심 있는 건 본인 책상 위에 있는 한 픽셀짜리 정보입니다. 내 책상 위에서 일어나는 일에 대해서 세상을 분석하고 그 보고서를 써서 2층에 있는 과장한테 보냅니다. 그럼 과장은 더 이상 세상의 정보에는 관심이 없고 10명의 신입사원이 쓴 보고서를 가지고 보고서에 대한 보고서를 또 씁니다. 2층에 있는 과장은 또 3층에 있는 부장한테 보고서를 보내고, 부장은 10명의 과장들이 쓴 보고서를 가지고 또 보고서에 대한 보고서에 대한 보고서를 작성하는 거예요. 쭉 올라가면 맨 위에 있는 이사나 사장 같은 임원진들은 거시적인 시야를 갖게 됩니다. 계속 압축된 그림으로 세상을 보기 때문이죠. 이런 논리로 강아지들이 다양한 모습을 가져도 인식할 수 있게 된다는 게 교과서적인 정설입니다.

7장

인간처럼 학습하는 알고리즘, 딥러닝의 등장

딥러닝

 이제 현재 인공지능을 개발하는 방법, 인간의 지능을 모방한 인공지능이 구현될지도 모르겠다고 기대하는 방법, 딥러닝에 대해 이야기해볼까 합니다. 물론 딥러닝이 인공지능의 모든 문제들을 해결해주는 것은 절대 아닙니다. 하지만 인공지능에 새로운 패러다임을 주고 있는 것은 확실합니다. 이 알고리즘은 인간의 물체 인지 과정을 개념적으로 모방한 시스템입니다. 딥러닝은 생각보다 매우 잘됩니다. 그래서 언론에서도 자주 거론되지요. 인공지능을 연구하는 사람이다 보니 4, 5년 전부터 인공지능이 언제 되냐 하는 질문을 많이 받았습니다. 4, 5년 전이었다면 웃어주거나 진지하게 받아들이지 않았을 것 같습니다. 그때였으면 인공지능은 영화 속에나 등장하는 것이고, 현실에서 영화 같은 인공지능이 나오려면 몇백 년은 걸릴 거라고 대답했겠죠. 그런데 3, 4년 전부터 있었던 인공지능 분야에 딥러닝이라는 알고리즘이 등장합니다. 그 이후 동일한 질문을 받게 될 때면 20~30년, 빠르면 10년 후에도 가능할 수도 있다고 답변을 바꾸게 됐죠. 그리고 그 생각을 꽤 확신합니다.

우선 딥러닝은 더 이상 인간이 기계에게 세상을 설명하지 않습니다. 세상에 관한 엄청나게 많은 데이터를 그냥 집어넣어주는 겁니다. 빅데이터가 있기 때문에 가능하겠지요. 기계는 이 엄청난 양의 데이터를 자체 인공신경망 구조를 통해 스스로 학습합니다. 무엇을 학습할까요? 이 데이터에 포함된 통계학적인 정보에 대해 점점 더 압축된 표현을 만들어내는 과정을 학습이라고 말합니다.

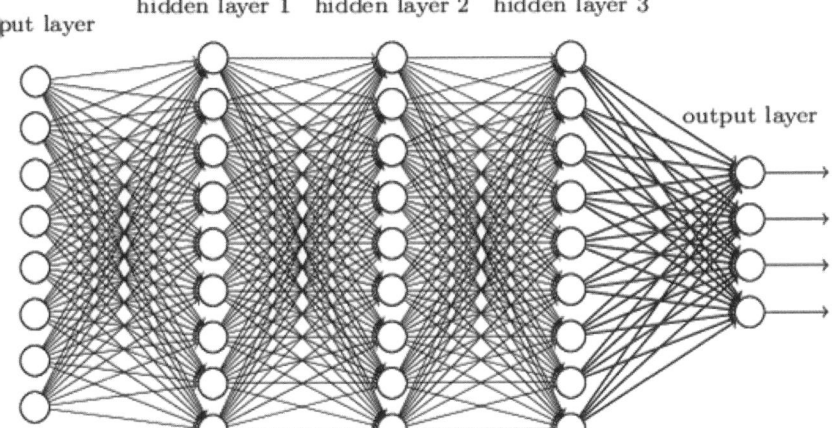

특징공학 vs 딥러닝

이 학습은 인간의 뇌에서 일어나는 것처럼 단계적으로 벌어집니다. 전통적인 인공지능 방법과 딥러닝 인공지능 방법을 나눠서 설명하자면, 전통적인 인공지능 방법은 1950년대부터 시도했던 인공지능이고 지금은 이것을 특징공학Feature Engineering이라고도 부릅니다. 예전에 인공지능을 배울 때 학교에서 배웠던 것들이지요.

전통적인 인공지능을 구현하기 위해 기계가 무언가를 알아보게 하려면, 예를 들어 자전거를 알아보게 하려면 기계에게 자전거가 무엇인지 설명을 해줘야 합니다.

그런데 딥러닝은 더 이상 우리가 세상을 설명해주지 않고 자전거를 포함한 엄청나게 많은, 대부분 수천만 장의 사진들을 집어넣습니다. 그러면 이 알고리즘은 계층적인 구조 형태

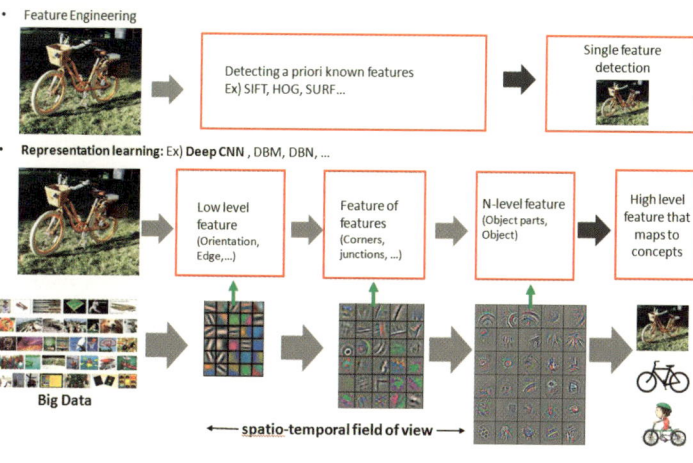

로 점점 압축된 표현을 학습합니다.

이 알고리즘이 찾아낸 첫 번째 단계의 압축된 표현은 대부분 선형적 연관성을 찾아내는 것이었습니다. 10도, 20도, 30도 되는 선들을 찾아냈죠. 왜 선일까요? 상상해보면 아무리 복잡한 물체도 우리가 확장해서 보면 선으로 그릴 수 있습니다. 마치 만화처럼. 좀 더 단순하게 말하자면 선으로 모든 걸 표현할 수 있다고 볼 수 있죠. 선은 가장 압축된 표현입니다. 또 가장 상위층의 표현을 보면 거시적인 관점에서 자전거라는 것을 알아봅니다. 다양한 자전거의 형태를 알아볼 수 있죠.

특이한 점은 가장 아랫부분에서 찾은 표현과 가장 윗부분에서 찾은 표현은 우리가 단어로 명명할 수 있습니다. 선, 자전거. 하지만 그 중간 7, 8층의 표현은 한 단어만으로 표현할 수 없어요. 이 층은 우리가 눈으로 보고 두 개의 차이점을 알 수는 있는데 이것들을 정확하게 표현할 수 있는 단어가 없어요. 왜냐하면 앞서 말했던 것처럼 언어의 해상도가 인식의 해상도보다 훨씬 더 낮고, 우리가 알고 있는 것의 한 10퍼센트만 알아도 우리 머리 안에서 언어로 표현되기 때문이죠. 나머지 80~90퍼센트는 분명히 어떤 일이 벌어지기는 하지만 이것들을 표현할 수 있는 방법이 없는 것과 비슷한 논리로 적용되는 것 같습니다. 아직 인공지능에 적용되지는 않았어요. 하지만 자전거라는 걸 알아볼 때 통계학적으로 이 알고리즘이 상당히 많은 정보를 가지고 있다고 봅니다. 딥러닝을 인공지능에 적용시켰을 때 이런 관계 혹은 이런 표현들을 통해 인공지능이 사물을 알아보게 되지 않을까 하는 생각에서 시도해보고 있죠.

좀 더 엄밀히 말해보면 우리가 사과라고 인식하는 물체, 현실, 현상을 단어로 맵핑할 수 있는 부분은 한 10퍼센트에 그쳐 있습니다. 나머지 90퍼센트는 단어, 언어, 기호로 표현할 수 없죠. 지난 2,500년 동안 빙산의 일각같이 언어로 표현되는 것을 가지고 나머지를 다 이해할 수 있다고 생각했습니다. 아니 90퍼센트가 존재하는지도 몰랐다는 것이 좀 더 옳겠죠. 눈에 보이는 것조차 진실이 아닌데 눈에 보이는 것으로 서로가 소통하고 있다고 생각했고, 눈에 보이는 것을 모두 언어로 표현했다고 생각했었고 그게 전부라고 생각했었습니다. 하지만 알고 보니 10퍼센트도 채 안 된다는 거죠. 대부분은 언어로 표현할 수 없는 것들이란 사실을 깨닫게 되었습니다.

비트겐슈타인의 낸드

앞서 이야기한 기계의 언어 중 문법에 대해 한 이야기를 좀 더 해볼까 합니다. 루드비히 비트겐슈타인Ludwig Wittgenstein은 오스트리아 최고 재벌의 아들이었습니다. 비트겐슈타인은 아버지가 공학을 공부하라고 해서 맨체스터에서 비행기를 연구했고, 비행기를 공부하다 보니 역학에 관심이 생겨 수학을 공부했고, 케임브리지에서 수학을 공부하다가 철학이 궁금해져서 철학을 하게 됐습니다.

1차 대전이 발발하자 비트겐슈타인은 모든 것을 포기하고 오스트리아 군대에 자원입대합니다. 1차 대전에 자원입대한다는 것은 죽으러 간다는 것과 다름없습니다. 포탄이 수백 개가 떨어질 때 비트겐슈타인은 참호에 숨어서 첫 번째이자 마지막 책을 쓰기로 결심합니다. 바로 그 유명한 『논리 철학 논고Tractatus Logico-Philosophicus』입니다. 아주 재미있고도 중요한 책이죠. 이 책에서 비트겐슈타인은 세상을 7개 포인트로 나눠서 설명했습니다. 러셀의 제자인 비트겐슈타인은 '논리적인' 러셀의 영향을 받아 자신 역시 논리로 세상을 완벽하게 이해할 수 있다고 주장했던 사람입니다. 그리고 그 믿음으로 자신의 논리를 펼친 사람이죠. 비트겐슈타인의 『논리 철학 논고』의 7개의 포인트를 한번 살펴보려 합니다.

첫째, '세계는 일어나는 모든 것이다.' 파르메니데스입니다. 이것 외에는 세계가 없다는 겁니다. 일어나는 일이 세계의 전부가 아니라면 우리가 이해할 수 없는 게 존재한다는 건데 그럴 수는 없다는 주장이지요. 파르메니데스의 철학입니다. 둘째, '일어나는 것, 즉 사실은 사태들의 존립이다.' 셋째, '사실들의 논리적 그림이 사고다.' 넷째, '사고는 뜻이 있는 명제다.' 다섯째, '명제는 요소 명제들의 진리함수다.' 여기까지 아주 논리적인 자세로 주장을 펼쳐나갑니다. 그리고 대망의 여섯째, 이 여섯째가 비트겐슈타인의 결론이기도 합니다. '진리함수의 일반적 형식은 $[\bar{p}, \bar{\xi}, N(\bar{\xi})]$이다.' 이 세상에 있는 모든 것, 즉 아리스토텔레스부터 가지고 있었던 서양철학의 답이라고 생각했습니다. 자, 그렇다면 이 함수의

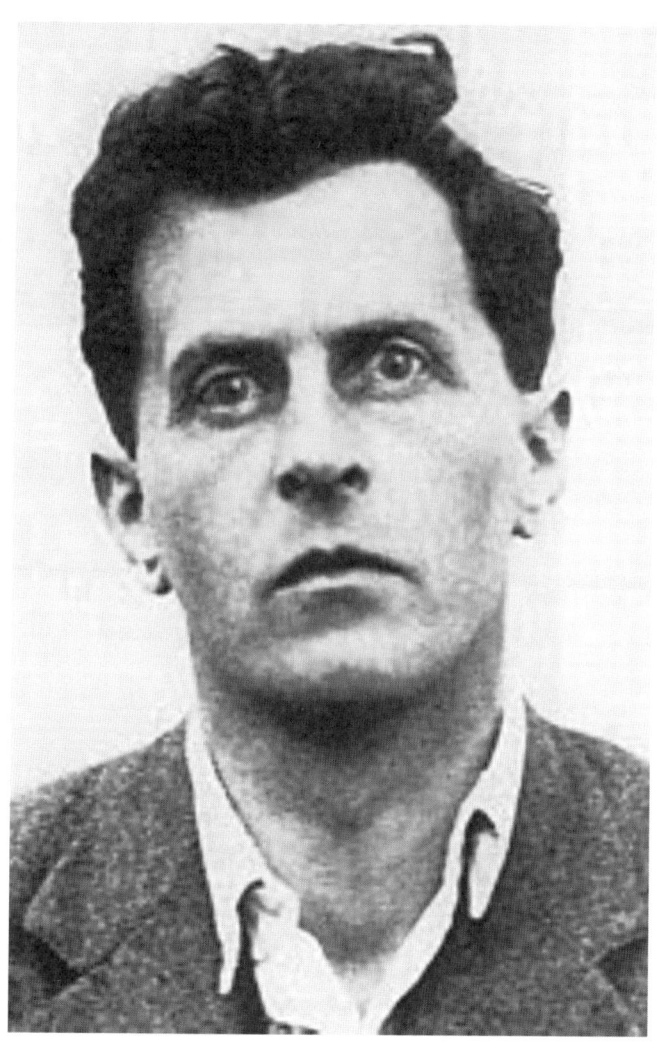

의미는 무엇일까요? 궁금하시겠지만 결론은 사실 실망스럽습니다. 비트겐슈타인이 2,500년을 이어온 서양 철학과 논리의 문제를 해결했다고 생각했던 진리함수의 정체는 사실 다름 아닌 NAND, 다시 말해 NOT and AND입니다.

알고 보니 '아, 세상은 일어나는 모든 것이고, 논리가 전부이며…' 등 글을 써나가던 비트겐슈타인은 '그럼 논리의 핵심이 무엇일까?'에 다다릅니다. 논리의 핵심을 파헤쳐보니 조지 불은 AND, OR, NOT도 있어야 된다고 말하고, 또 진리함수의 일반적 현실에 대해서 쭉 써내려가다 보니 '낸드NAND'라는 개념을 만들게 됩니다. 낸드플래시nand flash에 대해 들어보신 적 있을 겁니다. 많이 사용하고 있죠. 낸드플래시가 좋은 이유는 NAND(NOT and AND)라는 규칙을 가지고 나머지 논리규칙을 다 만들어낼 수 있기 때문입니다. 가장 보편적인 논리규칙이라고 알려져 있어요. 그래서 아주 콤팩트한 플래시 드라이브를 만들 때 낸드플래시를 쓰지요. 사실 이미 비트겐슈타인 이전에 AND, OR, NOT 같은 논리함수들을 모두 NAND로 대체할 수 있다는 사실을 알고 있었습니다. 다양한 의견들이 존재하지만, 아마도 철학자 찰스 피어스Charles Sanders Peirce가 1880년 NAND의 기능을 가장 먼저 제

논리 철학 논고 Tractatus Logico-Philosophicus

1. 세계는 일어나는 모든 것이다.

(The world is everything that is the case)

2. 일어나는 것(즉, 사실)은 사태들의 존립이다.

(What is the case(a fact) is the existence of states of affairs)

3. 사실들의 논리적 그림이 사고다.

(A logical picture of facts is a thought)

4. 사고는 뜻이 있는 명제다.

(A thought is a proposition with sense)

5. 명제는 요소 명제들의 진리함수다.

(A proposition is a truth-function of elementary propositions)

6. 진리함수의 일반적 형식은 $[\bar{p}, \bar{\xi}, N(\bar{\xi})]$ 이다.

(The general form of a proposition is the general form of a truth, which is : $[\bar{p}, \bar{\xi}, N(\bar{\xi})]$

7. 말할 수 없는 것에 관해서는 침묵해야 한다.

(Where (or of what) one cannot speak, one must pass over in silence)

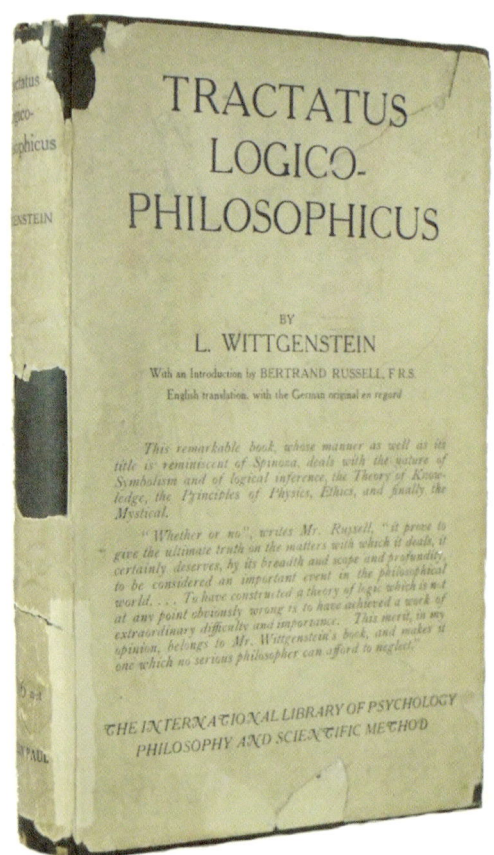

시한 것으로 알려져 있습니다. 논리로 표현할 수 있는 모든 명제들은 단 한 가지 논리함수 NAND들의 연결고리로 설명할 수 있습니다. 비트겐슈타인은 피어스보다 30년 늦게 발견한 셈이지요.

어쨌든 비트겐슈타인은 낸드가 우주의 진리라고 생각하게 됩니다. 논리로 표현할 수 있는 모든 것은 낸드로 표현할 수 있으니 말입니다. 이런 결론으로 비트겐슈타인은 『논리 철학 논고』를 마무리 지었습니다. 끝은 맺었는데 뭔가 찝찝한 기분이 드는 거죠. 문제를 다 풀었다고 생각했는데 아무리 생각해봐도 하나도 안 풀린 것 같은 거예요. 그래서 비트겐슈타인은 서문에 이렇게 씁니다. '이 책의 가치는 세상의 문제를 다 풀어도 사실은 아무것도 풀리지 않았다는 것이다.' 분명히 아리스토텔레스가 준 숙제를 비트겐슈타인은 다 풀었습니다. 아리스토텔레스가 낸 숙제의 답은 낸드가 맞는 것 같지만…. 그런데도 찝찝합니다. 왜 이렇게 아무것도 푼 것 같지 않을까요? 혹시 답이 틀린 것이 아니라 아리스토텔레스의 '숙제'가 틀린 게 아닐까요?

그래서 비트겐슈타인은 맨 마지막에 하나의 포인트를 추가합니다. 일곱째, 제일 유명한 부분이지요. '말할 수 없는 것에 관해서는 침묵해야 한다.' 아리스토텔레스 때부터 2,500년 동안 서양철학에선 모든 건 말할 수 있다고 믿었습니다. 그러니까 모든 걸 표현할 수가 있다고 믿었지요. 어떻게 표현하느냐를 가지고 2,500년 동안 연구를 했는데, 표현할 수 있는 방법은 비트겐슈타인이(물론 재발견이지만) 찾았습니다. NAND로 말이죠. 하지만 알고 보니 표현할 수 없는 게 있다는 것을 결국 알게 되었습니다.

그럼 그건 어떻게 해야 할까요? 비트겐슈타인은 '말할 수 없는 것에 대해선 그냥 침묵을 지키는 게 최고구나. 결론은 말할 수 없는 게 있구나'라고 결론지었습니다. 그리고 이 결론은 현대 뇌과학에서 말하는 들어오는 정보를 대부분 언어처리 할 수 없다는 것과 일맥상통합니다. 10퍼센트만 낸드로 표현이 되고 나머지 90퍼센트는 낸드로 표현할 수 없지요. 사실 지금 생각하면 하나도 신기한 일이 아닙니다.

예를 들어 지금 이 순간 김연아 선수랑 대화할 수 있다고 상상해봅시다. 우리가 김연아 선수에게 '어떻게 스케이트를 그렇게 잘 타세요?'라고 질문한다면, 김연아 선수는 무슨 대답을 할 수 있을까요? 사실 언어로 표현할 수 있는 답은 그다지 많지 않습니다. '많이 연습했습니다', '수도 없이 넘어졌습니다' 정도겠지요. 하지만 그건 진실이 아닙니다. 김연아 선수가 스케이트를 잘 타는 비결의 진실은 김연아 선수의 뇌와, 팔, 다리 신경세포들 간의 시냅스에 있겠지요. 시냅스 2번, 7번, 11번은 이럴 때 활발하고, 나머지 시냅스는 조용히 있고, 뭐 이런 구체적인 내용들 말입니다. 이 정보는 분명히 존재하지만, 김연아 선수 자신도 말로는 표현할 수 없습니다.

결국 『논리 철학 논고』 이후의 비트겐슈타인 역시 말로 표현할 수 없는 진실은 서로 보여줄 수밖에 없다는 '모방게임 Imitation game' 이론을 만듭니다. 모방게임 이론이란 김연아 선수가 우리에게 '이렇게, 이렇게 하는 겁니다'라고 보여주면, 우리는 김연아 선수를 최대한 모방하는 방법밖에 없다는 주장입니다. 하지만 비트겐슈타인의 모방게임은 비슷한 유전자와 몸, 그리고 경험을 가진 인간들만이 사용할 수 있는 방법입니다.

예를 들어 팔이 없는 외계인에게 팔을 들어보라고 해봐야 소용없을 것이고, 기계에게 '우리같이 팔다리를 움직여봐'라고 아무리 말한다고 기계가 모방하기는 어렵습니다. 그래서 결국 언어로 정확히 표현할 수 없는 정보와 기능은 딥러닝 같은 방식을 통해 기계에게 학습시켜야 한다는 결론을 내게 된 것입니다.

비트겐슈타인은 표현할 수 없는 것에 대해선 침묵을 지켜야 된다고 이야기했는데, 지금의 딥러닝은 표현할 수 없는 건 학습을 시켜서 해결하겠다는 원리입니다.

퍼셉트론

 딥러닝의 태동은 사실 1957년입니다. 딥러닝의 '할아버지' 격 되는 프로그램은 1957년 천재 과학자 프랭크 로젠블라트Frank Rosenblatt가 발명한 퍼셉트론Perceptron입니다. 퍼셉트론은 인공신경세포들을 적절히 연결시켜준 것으로, 이 프로그램은 논리 연산 규칙을 스스로 인식하게 됩니다. 기계학습은 사실 1957년부터 시작되었던 것이죠.

 하지만 이로부터 몇 년 후 MIT의 마빈 리 민스키Marvin Lee Minsky 교수와 시모어 페퍼트Seymour Papert 교수에 의해 단층 퍼셉트론으로 학습할 수 있는 정보는 지극히 한정되어 있다는 사실이 증명되어버리죠. 복잡한 정보를 학습하기 위해서는 다층 퍼셉트론Multi-Layer Perceptron, MLP이 필요하지만, MLP 신경망의 수많은 시냅스를 학습시킬 수 있는 방법이 없었습니다. 단층 퍼셉트론 프로그램은 이렇게 사형선고를 받았지요.

퍼셉트론 이론이 잊힌 상태에서 20년 후 인지심리학자 데이비드 룸멜하트David Rumelhart와 데이비드 클라렌스 맥클리랜드David Clarence McClelland는 MLP를 효율적으로 학습시킬 수 있는 '오차역전파법backpropagation'을 제시합니다.

역전파 알고리즘은 간단합니다. 3층으로 구성된 인공신경망으로 축약해서 한 번 상상해보겠습니다. 제일 아래층은 예를 들어 '고양이'라는 물체를 숫자로 표현합니다. 고양이 사진의 픽셀 값들이라고 생각하면 이해하기 쉬우실 겁니다. 제일 위층 신경세포는 전체 MLP가 계산한 값을 출력합니다. 물론 랜덤으로 시작하기 때문에 처음 결과는 다를 것입니다. 하지만 만약 매번 선생님이 정답을 알려준다면 어떨까요? MLP가 계산한 '이양고'라는 오답과 선생님이 알려준 정답 '고양이'의 차이 값을 계산할 수 있게 되겠죠. 그다음 차이 값을 아래층으로 역전파시켜 시냅스 값을 고쳐주면 됩니다. 이런 식으로 수천만 가지 고양이 사진을 보면서, 매번 선생님의 정답을 통해 시냅스 값들을 수정한다면, 언젠간 MLP는 '고양이 전문가'가 되겠지요. 걸어 다니고, 뛰어다니고, 밥을 먹는 그 어떤 모습의 고양이를 보더라도 정답을 말할 수 있

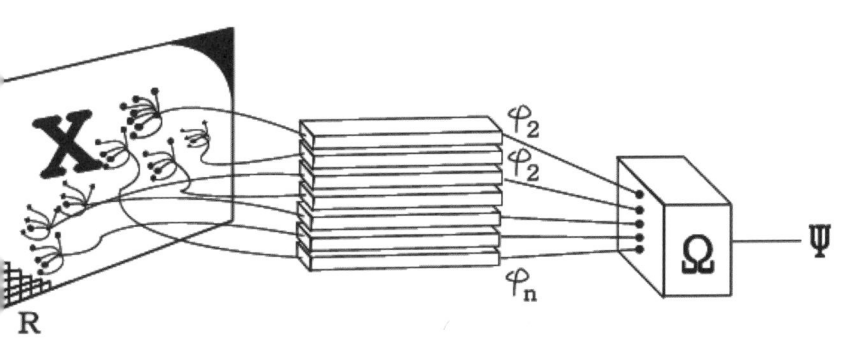

습니다. MLP에게 '고양이 직관'이 생겼습니다.

하지만 딥러닝의 '아버지' 정도 되는 다층 퍼셉트론은 치명적인 문제들을 가지고 있었습니다. 우선 인공신경망을 3층 이상으로 올리면 점차 학습을 수행하지 못했죠. 우리의 뇌 신경망이 10층에서 15층이라고 했으니 인공지능이라고 할 수 없었습니다. 왜 수행하지 못했을까요? 오차 값이 깊은 층수들로 역전파되면 점점 왜곡되어버리는 '사라지는 경사도 diminishing gradient' 문제 때문입니다. 깊은 신경망 층수들은 깊은 층수를 가질수록 더 추상적인 학습이 가능하기 때문입니다. MLP는 이뿐만 아니라 다른 약점도 가지고 있었습니다. 바로 새로운 사실을 추론해내는 것을 어려워한다는 점이죠.

기존 MLP의 문제는 2006년, 그리고 2012년에 와서야 드디어 해결됩니다. 캐나다 토론토대학의 제프리 힌튼Geoffrey Hinton 교수의 연구팀은 깊은 층수의 MLP 역시 '사전 학습pre-training'을 통해 트레이닝시킬 수 있음을 밝혀내죠. 인공신경망을 랜덤으로 '죽여주면' 추론능력을 개선할 수 있습니다. 이렇게 기존 인공신경망의 한계를 극복한 인공신경망을 최근 우리가 흔히 이야기하는 '딥러닝'이라고 부릅니다.

딥러닝의 학습 과정

딥러닝의 학습 과정은 크게 세 가지로 나눌 수 있습니다. 첫 번째로 슈퍼바이저 학습supervised learning입니다. 가장 많이 사용되는 학습방법이지요. 선생님이 존재합니다. 이 선생님은 예를 들어 수백만 장의 강아지 사진을 보여주고 강아지라고 이야기를 해줍니다. 처음에는 랜덤 계층으로 시작했으니 강아지 사진을 봤을 때 랜덤이니까 답이 틀리겠죠. 맨 꼭대기 층에다 이야기를 해줍니다. '강아지다.' 그다음부터는 거꾸로 강아지라는 답을 만들 수 있도록 시스템에 있는 파라미터parameter들을 최적화시킵니다. '강아지구나'라고 고쳐주는 거죠. 항상 선생님이 답을 알려주기 때문에 슈퍼바이저 학습이라고 이야기하는 겁니다. 이 학습은 가장 잘되지만 가장 비현실적인 방법이기도 합니다. 왜냐하면 우리가 어렸을 때를 떠올려보면 부모님들이 쫓아다니면서 고양이, 강아지라고 하나하나 이야기를 해준 적은 그리 길지 않거든요.

두 번째 방법은 비슈퍼바이저 학습unsupervised learning입니다. 이 방법은 계속 수천만 개의 사진을 보여주면 답이 뭔지 몰라도 언젠가는 통계적으로 비슷한 구조를 가진 것들을 모을 수 있습니다. 가장 어려운 방법입니다. 현실적으론 가장 필요한 방법인데 현재 연구방법으론 가장 성능이 낮습니다.

세 번째, 슈퍼바이저 학습과 비슈퍼바이저 학습의 중간 정도에 위치한 보상 학습reinforcement learning 방법입니다. 이 방법은 시스템이 답을 냈을 때 정답을 이야기해주지는 않지만 틀렸는지 맞았는지 O, X만 알려주는 거죠. 쉽게 예를 들어보면 우리가 공부할 때 혼자서 공부를 할 수unsupervised learning도 있고, 마음씨 좋은 선생님이 있어 정답을 말해주기supervised learning도 하고, 문제를 풀었을 때 선생님이 '틀렸다, 아니다'를 그 답이 나오도록 정답을 바꾸라고 말해주기reinforcement learning도 합니다.

현실적으로는 보상 학습 방법이 가장 적절한 방법이라고 생각하지만 지금 사용하고 있는 시스템의 대부분은 슈퍼바이저 학습 시스템입니다. 선생님이 정답을 말해줘야 돼요.

그런데도 이 방법이 가장 비현실적이고 어려운 이유는 이를 실현하기 위해서는 정답이 적혀 있는 엄청난 양의 빅데이터가 필요합니다. 1,000만 장의 강아지가 강아지라고 이름표를 붙이고 있어야 됩니다. 이런 정보를 가지고 있는 회사는 구글, 페이스북, 바이두 같은 글로벌 대기업들입니다. 그렇기 때문에 이런 회사들이 인공지능을 선도하는 거죠. 한 사람이 1,000만 개의 강아지 사진에 강아지 이름표를 붙이는 것은 어렵지만 1,000만 명이 한 장씩 하는 건 쉽거든요. 가입자 수가 수억 명이니까요.

우리는 구글이나 페이스북의 다양한 서비스 사용하고 있습니다. 얼마 전, 구글에서는 사진을 무한으로 저장할 수 있는 서비스를 오픈했죠. 우리 입장에서는 좋은 서비스입니다. 하지만 이 세상에 공짜는 없습니다. 우리는 돈 대신 무언가를 지불하고 있습니다. 그 무언가는 사진을 올림으로써 구글의 딥러닝 기계를 학습시켜주고 있는 것입니다. 우리가 페이스북, 인스타그램, 구글 서비스를 쓸 때에는 그 기업들의 딥러닝 기계들의 선생님 역할을 하는 것이나 다름없습니다. 이 기업들의 딥러닝은 시간이 지날수록 점점 더 좋아질 거예요. 우리가 점점 더 구체적인 데이터를 올리면서 '애는 누구

다', '생일이다'라고 설명해주는 순간, 딥러닝 시스템의 그다음 세대에서는 훨씬 더 잘할 수 있도록 학습능력을 키워주는 거예요.

152층짜리 딥러닝

현재의 딥러닝은 상당히 층수가 깊습니다. 10층, 20층에 그치지 않고 100층까지 됩니다. 깊은 층의 인공신경망은, 아래층의 데이터는 데이터 전체를 보지 않고 데이터에서 가장 짧은 시간과 공간적 단위를 분석합니다. 그림으로 예를 든다면 픽셀이라고 이해할 수 있겠죠. 음성 데이터라면 0.1초 정도의 짧은 정보 단위. 이 아래층 인공신경망의 한 신경세포는 자신이 담당하고 있는 한 픽셀만 계속 봅니다. 주변은 잘 몰라요. 비슷한 사진을 1,000만 장 봤다고 한다면 픽셀을 1,000만 개 본 것이죠. 1,000만 장의 픽셀이 계속 변했을 겁니다. 빨간색이었다가 파란색으로 변했다가 노란색으로 바뀌고, 왔다 갔다 했겠죠. 그때 이 아래층의 신경세포는 1,000만 번 본 데이터를 압축하여 통계학적으로 가장 잘 표현할 수 있는 값을 찾아냅니다. 평균값이라고 생각하면 이해하기 쉬워요. 색깔이 만약 빨주노초파남보로 계속 바뀐다면 평균값은 회색이겠죠.

이런 방식으로 나머지 아래층 신경세포들도 픽셀 단위로 다 볼 것입니다. 이제 1층에 있는 세포들이 자신이 찾아낸 특징 혹은 표현(프리젠테이션)이라고 이야기하는 것들을 2층에 모읍니다. 그리고 1층의 신경세포는 2층의 신경세포 여러 개에 표현을 전달합니다. 다시 말해, 한 신경세포의 인공신경망 다리가 2층의 여러 신경세포와 맞닿아 있는 거죠. 이런 식으로 각 층은 위쪽으로 표현을 보내줍니다. 이 과정이 진행되면 1층 신경세포들이 본 픽셀 하나의 표현이 2층 신경세포들에는 2×2로 표현되고 3층의 신경세포들은 4×4, 그 위층은 $8 \times 8 \cdots$. 이런 식으로 점점 위로 올라가면 시야가 점점 넓어집니다. 그럼 맨 위층의 신경세포는 그림 전체를 볼 수 있습니다.

층수가 높아질수록 동일한 그림을 1,000만 장을 보고 찾아낸 평균값의 특징이 달라지겠죠. 맨 아래층의 인공신경세포층은 픽셀 하나의 특징을 알아내고, 2층은 픽셀 네 개의 특징을 알아내고, 3층은 여덟 개의 특징을 알아냅니다. 밑에 있는 세포층들은 아주 디테일한 특징을 찾아내고 위로 갈수록 아주 거시적인 특징을 찾아내겠죠. 더구나 이렇게 되면 '시간'이라는 정보도 여기에 자동으로 입력됩니다. 자, 1층의 신경세포는 픽셀 하나를 보고 있습니다. 그 픽셀 하나가 시간에 따라 정보가 빨리 변합니다. 시야가 좁기 때문이죠. 위층의 신경세포들의 시야는 넓습니다. 시야가 넓으면 세상은 천천히 변해요. 아래로 가면 갈수록 시간이 빨리 변하고 위로 갈수록 시간이 느리게 흐릅니다. 아주 자연스럽게 '시간'이라는 정보도 표현이 됩니다.

이런 식으로 시간을 인식한다면 데이터만 제대로 많이 준다면 이 인공신경망 자체가 이 세상을 표현할 수 있습니다. 근데 우리가 통상 이야기하는 단어를 사용하여 '고양이는 이렇다'라고 표현하는 것이 아니라 고양이의 픽셀 한 개의 표현, 픽셀 네 개의 표현, 픽셀 여덟 개의 표현, 또 아주 빠른 시간, 중간 시간, 느린 시간의 표현들을 중첩해서 표현하죠. 하지만 우리 언어로는 절대 이런 식으로 표현하지 않습니다. 우리가 동물이나 사람을 표현할 때 '저 사람 누구다', '어떻게 생겼다'라고 이야기하지 '한 픽셀 단위에서는 이렇게 생겼고, 픽셀 네 개, 여덟 개에서는 이렇게 생겼다' 혹은 '시간이 빨리

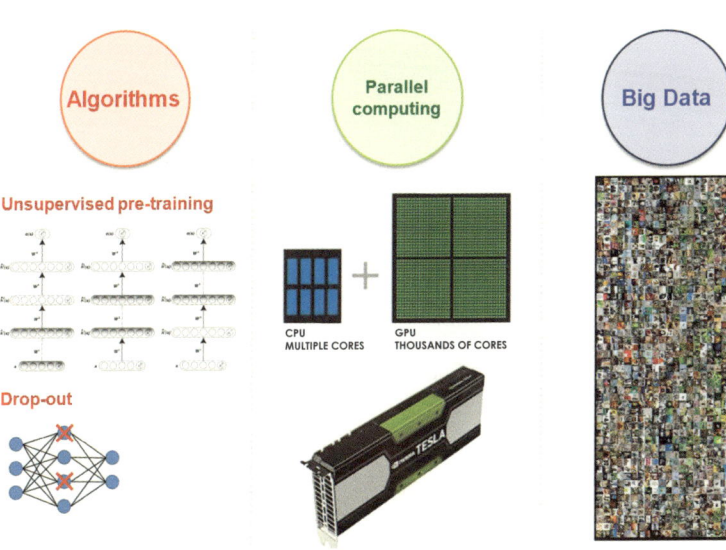

지나갈 때는 이렇고, 느리게 지나갈 때는 저렇다'라고 말하지 않습니다. 하지만 그 정보도 분명히 존재하는 정보죠.

앞서도 설명한 것처럼 언어의 해상도는 인식의 해상도보다 훨씬 더 낮은데, 그중 가장 차이가 많이 나는 부분은 인간의 언어가 시간적, 공간적으로 스케일을 구별하지 않는 부분입니다. 하지만 각 물체는 스케일이 있습니다. 아주 섬세하게 보는 것과 중간 정도 시야에서 보는 것, 그리고 넓은 화각으로 보는 것은 분명히 다르거든요. 거기에다 시간적 스케일까지 주자면 나를 1초 바라보는 것과 10초 바라보는 것, 한 달 바라보는 것은 분명히 다릅니다.

그런데 우리는 이걸 표현하지 않고 다 '김대식'이라는 단어 하나로 표현해버리죠. 그렇기 때문에 '김대식은 누구인가?'를 컴퓨터로 표현할 때 할 말이 별로 없습니다. 언어의 해상도가 따라오질 못하죠. 하지만 기계학습을 통해서는 다양한 공간과 시간적인 층으로 같은 물체를 여러 번 표현을 해줍니다. 예를 들어, '고양이는 뭘까?'를 단어로 표현할 때 사람마다 표현할 수 있는 표현의 개수가 다르겠죠. 저는 고양이에 대해 잘 모르니까 쓸 수 있는 단어가 서너 개, 고양이에 대해 잘 아는 사람이래 봤자 100개를 넘길 수 있을까요?

Perceptron 신경세포

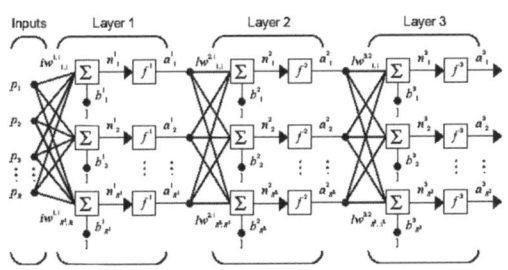

$$a_i^{(layer)} = f\left(\sum_j p_j W_{ij}^{(layer)}\right) \qquad a_i^{(1)} = f\left(\sum_j p_j W_{ij}^{1}\right)$$

$$a_i^{(2)} = f\left(\sum_j a_j^{(1)} W_{ij}^{2}\right)$$

$$\vdots$$

$$a_i^{(N)} = f\left(\sum_j a_j^{(N-1)} W_{ij}^{(N)}\right)$$

Backpropagation 학습방법

인공신경망을 만들면 신경망과 신경망 사이 연결고리 시냅스가 있고 여기에 정보가 저장됩니다. 예를 들어, 100만 개의 신경세포로 고양이를 학습한다면, '고양이'라는 물체를 100만 가지 방법으로 표현해줄 수 있다는 말입니다. 우리가 말로 표현할 때는 기껏해야 100가지로 표현하는데, 당연히 100가지로 표현하는 것보다 100만 가지로 표현하는 쪽이 훨씬 더 정보가 많을 겁니다.

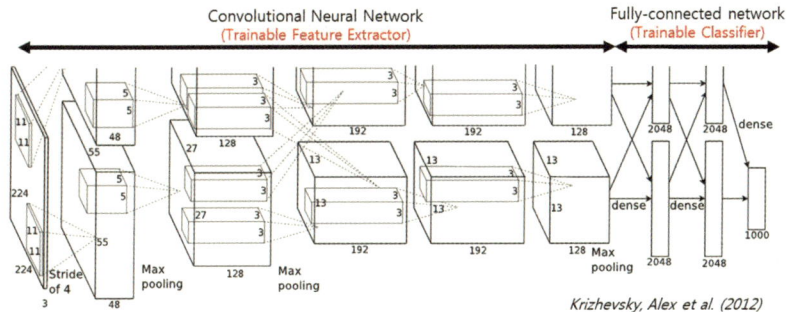

"Alex" 딥러닝 신경망

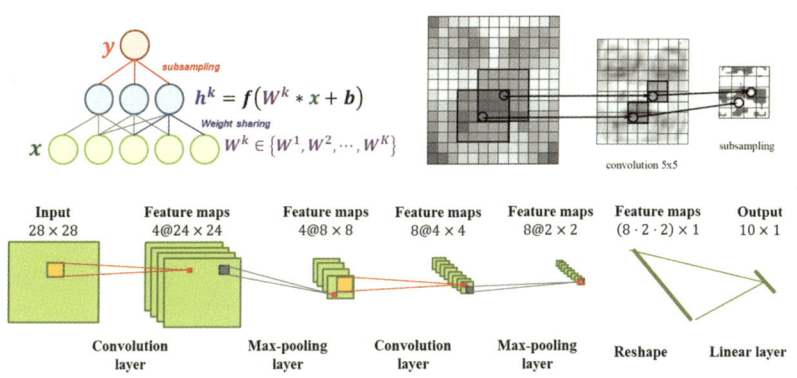

Convolutional Neural Network, CNN

8장

딥러닝의 진화

폭발적인 학습, 딥러닝

 딥러닝을 이용해서 만든 시스템 몇 가지를 소개합니다. 마이크로소프트사에서 2014년 7월에 만든 물체를 알아보는 시스템입니다. 카메라로 사물을 보여주면 이 프로그램은 그 사물이 무엇인지 맞힙니다. 그냥 강아지를 강아지로 알아보는 것에 그치지 않고 무슨 종인지도 다 알아맞히죠. 하지만 제가 이런 걸 소개해드리면 인공지능을 연구하지 않으시는 분들은 저를 이렇게 쳐다보면서 그러시더라고요. '저게 뭐 대단하다고.' 이렇게 반응하는 사람들에게는 '사실은 하나도 대단하지 않아요'라고 이야기하죠.

 어린아이들도 할 수 있는 일인데 기계는 몇 년 전까지 해내지 못했던 일이었어요. 강아지가 조금만 움직여도 알아보지 못했죠. 사물을 온전하게 알아보려면 완전히 다르게 생각해야 됩니다. 드디어 딥러닝으로 그게 가능해진 거죠. 2014년부터였습니다. 카이스트에서도 사물 인식 프로그램을 만들고 있습니다. 저와 제 학생들이 2014년에 만든 시스템은 1,000가지 물체를 실시간으로 알아볼 수 있습니다. 마이크로소프트사의 아담은 3초 동안 지체가 있는데 그것보다 좀 더 발전한 시스템이라고 볼 수 있죠.

처음 보는 물체입니다. 하지만 돌려놔도 아이팟ipod이라고 바로 알아보죠. 야구공도 쉽게 알아봅니다. 더 재미있는 부분은 가까이서 봤을 때 골프공으로 알아봤다가 좀 멀리서 보여주면 탁구공이라고 착각을 하기도 합니다. 즉, 사람이 하는 실수를 똑같이 하는 거죠. 지금 현재 이 시스템은 1,000가지 물체를 알아보는데, 사물인터넷 전문가들의 말을 따르자면 인간이 2,000가지에서 5,000가지를 알아보면 일상생활을 하는 데 큰 문제가 없다고 합니다. 백과사전에 수백만 개의 단어가 있지만 결국 실질적으로 사용하는 단어는 2,000개가 조금 넘는다고 하죠. 이 시스템은 1,000가지를 알아봅니다. 조금 더 와 닿게 설명하자면 실험실에 있는 물체는 다 알아봅니다. 강아지를 알아볼 때에도 무슨 종인지, 레드폭스, 시츄, 요크셔테리어라고 알아봅니다. 페르시안 고양이

도, 시베리안 허스키도 바로바로 알아봅니다.

사물만을 알아보는 것에서 그치지 않습니다. 이제 상황도 인식해내죠. 구글에서 2014년 8월에 소개한 프로그램입니다. 생소한 비디오를 봤을 때 이 프로그램에 처리된 방법을 사용해서 영상을 설명해줍니다. 게임 영상을 보여주면 어떤 게임의 영상이라고 이야기하고, 농구 게임을 보여주면 농구 게임이라고 대답합니다. 농구 게임도 휠체어를 타고 하는 농구 게임을 보여주면 휠체어 바스켓볼이라고 응답하죠.

딥러닝은 세 명의 뛰어난 교수진이 선도하고 있습니다. 앞서 이야기한 토론토대학의 제프리 힌튼 교수, 2013년부터 구글과 함께 연구합니다. 뉴욕대학교의 얀 레쿤Yann LeCun 교수, 2014년 1월부터 페이스북 인공지능 연구소장이 되었죠. 스탠퍼드의 앤드류 응Andrew Ng 교수는 2014년 4월에 중국 바이두의 기술 담당 최고 책임자chief technology officer, CTO로 취임했습니다. 2014년도는 딥러닝의 해였다고 해도 과언이 아니지요. 딥러닝이 갑자기 너무 잘되다 보니 지금 기업들은 너도나도 딥러닝에 달려듭니다. 50년 동안 풀리지 않았던 문제들이 딥러닝으로 인해 3~4년 만에 다 풀렸으니까요.

딥러닝의 진화

인공지능이 지능다워지다

 모자, 얼굴, 말 같은 물체의 인식뿐만 아니라 CCTV와 같은 영상을 보면서 사람의 행동도 인식할 수 있습니다. 벌써 2014년의 일입니다. 아주 흥미로운 예시를 하나 보여드릴게요. 구글에서 지난 2014년 12월에 소개한 사례입니다. 현재의 인공지능은 드디어 50년 만에 사진을 인식합니다. 사진을 인식하는 시스템에 딥러닝으로 언어처리를 학습하여 언어처리를 하는 능력을 붙여놨더니 이제는 사진을 표현할 수도 있게 되었죠. 지금 SNS는 사진을 훨씬 많이 공유합니다. 구글이나 페이스북, 인스타그램에 사진을 올리는 일은 편한데 이 사진을 글로 표현하는 것은 귀찮은 일이예요. 조그만 스마트폰으로 타이핑을 하는 것은 여간 귀찮은 일이 아닙니다. 시리나 S보이스가 잘 알아들으면 그것도 편하겠지만, 일단은요. 이 프로그램은 사진만 올려놓으면 나머지는 기계가 설명을 해줍니다. 사람이 오토바이를 타고 가고 있다, 두 명이 하키 게임을 하고 있다.

이런 사례는 기자들이 가장 싫어하는 예시입니다. 왜 싫어할까요? 온라인에 있는 데이터와 문장을 가지고 기사를 작성하는 소프트웨어는 이미 상용화되어 있습니다. 워드스미스Wordsmith가 그 대표적인 소프트웨어죠. 워드스미스는 폭스, 블룸버그와 같은 언론사에서 2014년부터 기사를 써주고 있습니다. 어떻게 가능한 일일까요? 워드스미스가 쓰는 기사는 비즈니스 뉴스가 대부분입니다. 문학이 아니고 주관이 들어가지도 않죠. 예를 들어, 삼성전자에 관한 정보는 이미 다 온라인에 있으니 그 정보를 모아서 저장된 문법으로 표현합니다. 기사를 쓰는 거죠. 워드스미스는 지난 2014년 거의 2억 개의 기사를 썼다고 해요.

다시 말해, 여러분들이 읽는 대부분의 비즈니스 뉴스들의 영어 원문은 기계가 쓴 것이라고 볼 수 있겠죠. 이런 이야기에 기자들은 항상 이렇게 반박합니다. '그래도 현장 취재는 인간이 해야 된다. 인터뷰 역시 사람이 해야 하는 일이다. 인공지능 시대에도 기자는 살아남을 수 있다'라고 이야기합니다. 하지만 글쎄요. 과연 10년 후에도 그럴까요?

생각해보세요. 10년 후에는 무인자동차가 전쟁터에 들어가서 30대의 카메라로 주변을 다 촬영하겠죠. 그 촬영한 내용들을 가지고 기사를 쓰게 되지 않을까요? 아직은 소문에 그친 이야기이지만 2020년 도쿄올림픽에서 일본은 딥러닝 카메라와 딥러닝 드론으로 중계할 생각을 한답니다. 불가능해 보이지 않아요. 지금도 야구중계나 축구중계를 보면 해설자들은 박스 안에 앉아서 카메라 한 10대가 찍은 화면을 보고 갖고 있는 데이터를 찾아가며 해설을 합니다. 저 선수가 누구고 기록이 어떻고. 지금의 원리는 저장된 데이터를 찾기 위해 한 번 더 공정을 거쳐야 하죠. 하지만 기계는 이미 데이터를 저장하고 있기 때문에 원하는 데이터를 바로 꺼낼 수 있습니다.

여태까지 기계는 상황을 인식하지 못해서 불가능했지요. 이제 딥러닝으로 상황을 인식할 수 있게 됐습니다. 이제 선수가 뛰어다니면 누군지를 알아보고 누군지 파악한 후에는 데이터베이스에 가서 그 선수의 모든 정보를 읽어올 수 있습니다. 기록뿐만 아니라 관련된 기사까지 모두 저장되어 있죠. 그다음에 스토리텔링해 해설을 할 수 있습니다. 현재 거의 유일하게 딥러닝이 제대로 못하는 작업이 스토리텔링입니다. 앞서 말한 것처럼 뇌는 경험을 가지고 재해석해서 이야기를 만드는데 아직 딥러닝 기반의 인공지능은 그것을 잘 못합니다.

딥마인드

이제 드디어 대망의 딥마인드DeepMind입니다. 우리가 지금 가장 궁금해하는 이야기죠. 아시다시피 딥마인드는 프로 바둑기사 이세돌 9단과 바둑대결을 펼친 알파고AlphaGo를 개발한 스타트업입니다.

딥마인드는 이미 알려진 바가 많으니 간단히 설명하겠습니다. 딥마인드는 영국에서 시작된 직원 2, 30명 정도의 딥러닝 개발 회사였습니다. 이 회사를 지난 2014년 구글이 4,000억 원을 주고 인수했죠. 구글은 왜 이 작은 회사를 거금을 주고 인수를 했을까요. 두 가지 이유가 있습니다. 첫째로, 이 회사의 대표인 데미스 하사비스Demis Hassabis는 영국 최고의 천재라고 평가받고 있습니다. 영국 최고의 체스게임 챔피언이었고 비디오 게이머, 해커 중의 해커였죠. 특이한 점

은 케임브리지대학에서 컴퓨터공학을 전공하고 또 UCL에서 뇌과학으로 박사학위를 받았어요.

딥마인드는 2015년 2월, 혁신적인 알고리즘을 세상에 선포합니다. 어떻게 보면 딥러닝 2.0 버전을 소개한 것입니다. 딥마인드가 개발한 알고리즘은 '깊은 보상 학습'을 합니다. 좀 더 친숙하게 말하자면 파블로프의 개 실험의 훈련방식 conditioning같은 방법을 도입한거죠. DQNdeep Q-network이라는 방법을 도입하면 다양한 선택이 가져올 미래 결과를 기반으로 최적화된 선택을 하도록 유도할 수 있습니다.

대부분의 전문가들은 본인의 전문성을 '직관'으로 한다고 주장합니다. 예를 들어, 미국의 워렌 버핏은 주식투자를 잘하는 사람입니다. 이 사람에게 '어떻게 그렇게 투자를 잘하세요?'라고 물어보면 자신이 표현할 수 있는 10퍼센트의 언어로 대답을 할 겁니다. 책도 쓰지요. 워렌 버핏의 책을 읽고 그대로 따라 하면 워렌 버핏같이 수익을 낼 수 있을까요? 절대 그 사람만큼 벌지 못합니다. 왜일까요? 사실은 왜 수익이 나는지 정확한 이유를 워렌 버핏 자신도 모르기 때문이죠. 어떻게 투자하는지에 대해 표현한 10퍼센트 이외의 90퍼센트는 직감으로 투자한다고 워렌 버핏은 말할겁니다. 공학자로서의 입장을 말하자면 직감은 존재하지 않는다고 생각합니다. **당연히 뇌는 무엇인가를 계산을 하고 그 일부만을 언어로 표현하는데, 언어로 표현할 수 없는 모든 걸 우리가 적분해서 합쳐서 직감**이라고 이름을 붙여준 거라고 생각합니다. 인간의 직감, 즉 말로 표현할 수 없는 90퍼센트를 행동으로 표현한다면, 그 행동을 관찰해서 학습을 합니다.

딥마인드가 개발한 DQN 방법은 2015년 2월 《네이처Nature》 커버스토리도 소개됐습니다. 사실 공학 논문이 《네이처》에 게재되는 것은 상당히 어려운 일입니다. 게다가 딥마인드 같은 작은 스타트업의 논문이 《네이처》 커버스토리가 됐다는 건 그만큼 의미가 크다는 것입니다. 뒤이어 《뉴욕타임스》 1면 톱도 장식합니다.

논문의 내용은 이렇습니다. 사람이 비디오게임을 합니다. 아타리Atari의 비디오게임처럼 아주 쉬운 비디오게임이죠. 29가지 게임을 트레이닝시켰습니다. 아타리에서 만든 대부분의 비디오게임을 학습시켰죠. 29가지 게임 중 〈벽돌 깨기〉로

설명해보겠습니다. 사람이 〈벽돌 깨기〉를 합니다. 이 DQN기계는 규칙을 모른 채, 게임하는 사람을 지켜보죠. DQN기계는 아무것도 모른 채 여러 가지 정보를 학습해나갑니다. '오른쪽, 왼쪽으로만 움직일 수 있다', '스코어를 높여라' 같은 기본 정보만을 가지고 학습 데이터를 통해 게임의 룰을 배워나갑니다.

DQN기계에 누구도 〈벽돌 깨기〉 게임을 잘할 수 있는 방법을 설명해준 적이 없는데도 학습을 통해서 〈벽돌 깨기〉를 마스터합니다. 29개 게임의 트레이닝 결과, 다는 아니지만 대부분의 게임에서 사람보다 더 높은 스코어를 획득했습니다. 벌써 2년 된 결과입니다.

알려진 바에 의하면 DQN기계는 현재에는 더 복잡한 게임을 배우고 있습니다. 바둑 다음으로 도전하는 분야가 스타크래프트라고 전해지기도 하죠. 또 3D둠 트레이닝을 시키고 있는 것으로 알고 있습니다.

구글이 게임 잘하는 기계 사려고 4,000억 원이나 썼을까요? 아닐 겁니다. 분명 다른 의도가 있겠지요. 들리는 소문에 따르면 두 개의 프로젝트가 있는데, 첫째로 궁극적으로 DQN기계를 사용하여 월 스트리트 최고 투자자의 뇌를 맵핑

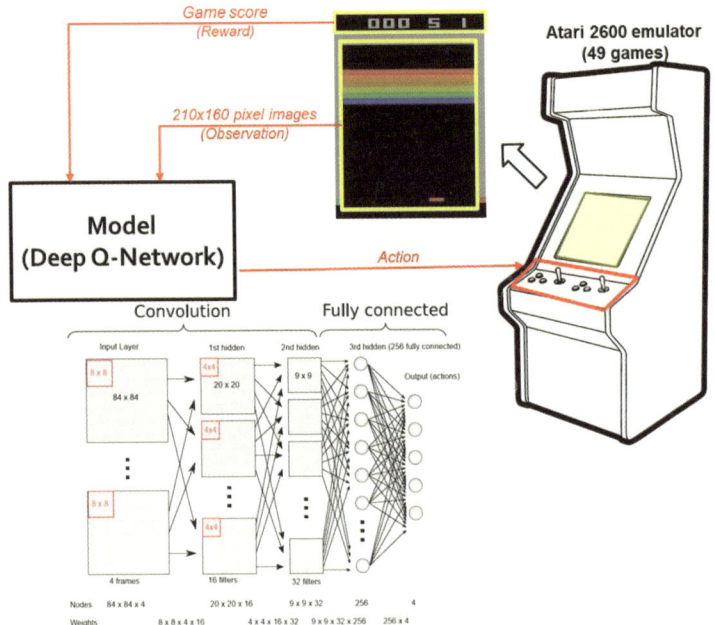

하겠다는 것입니다. 투자자들, 금융공학 하는 사람들을 보면 화면 12개를 두고 수백 개의 변수들이 왔다 갔다 하는 상황을 살핍니다. 그러다가 '딱 지금이다!' 하고 천문학적인 액수를 투자합니다. 어떻게 그 타이밍을 아냐고 물어봐도 '감'이라는 대답밖에 들을 수 없습니다. '주식이 이때 올라가고 환율이 이만큼 내리면 이러저러해서 그때 투자를 한다.' 확실한 것은 모르겠지만 분명 '감'은 아닐 것입니다. 왜냐하면 분명히 잘하는 사람이 있고 못하는 사람이 있으니까요.

그런데 그 사람들에게 어떤 상호관계, 어떤 인과관계에서 선택을 하느냐 하고 물으면 설명을 해줄 테지만, 그 사람들이 설명한 것을 기반으로 소프트웨어 시스템을 만들면 절대로 그 정도의 수익이 나오지 않습니다. 그럼 '운'일까요? 아닙니다. 자신은 알지만 표현을 못 하는 거겠죠. 표현하지 못하는 부분을 맵핑할 수 있다면, 마치 비디오게임처럼 맵핑한다면 올라가고 내려가는 상황을 정확히 판단하는 최고의 투자자를 만들 수 있지 않을까요?

두 번째로 진행하고 있는 프로젝트는 코딩하는 프로그램을 만드는 것입니다. 딥러닝의 원리를 간단히 말하자면 '데이터만 있으면 그 데이터로 학습을 할 수 있다'입니다. 그런데 코딩이 신기한 점은 자동화하기 위해서 컴퓨터 프로그래밍을 하는데, 프로그래밍 자체는 수작업이라는 겁니다. 해보신 분은 알겠지만 밤새도록 모니터 앞에 앉아서 라인 바이 라인line by line, 한 줄 한 줄 코딩해야 하죠. 코딩을 잘하는 사람도 있고 잘 못하는 사람도 있어요. 코딩의 규칙은 몇 개 없습니다. 웬만한 사람들은 며칠만 공부하면 규칙을 다 익힐 수 있어요. 그런데도 잘하는 사람이 있고 정말 못하는 사람이 있습니다. 룰은 몇 개 되지 않는데도 정말 뛰어나게 잘하는 사람들이 있습니다.

코딩은 마치 시, 소설을 쓰는 것과 비슷하다고 생각할 수도 있습니다. 셰익스피어와 우리는 영어 문법은 똑같이 알겠지만 셰익스피어가 분명히 더 글을 잘 씁니다. 마찬가지로 '코딩을 잘하는 무언가가 있겠구나'라는 가정하에 이 세상에 나와 있는 코드들을 다 학습한 딥러닝 기계가 있다고 한다면 그 소프트웨어 엔지니어들은 수행하고 있었지만 표현하지 못했던 규칙들을 뽑아내겠지요. 한 10~20년 후에는 우리가 무엇을 원하는지만 입력해주면 기계가 1초 만에 100만 줄짜리 코드를 쓸 수 있게 될지도 모릅니다.

udi ting service present
AppleUSBHubPort: Error 0xe00002ed: set feature (resettin
1310 cluster IO buffer headers
ng present
"/pci/@d/pci-ata@1/ata-4@0/@0:10,\mach_kernel", Waiting on
PathMatch</key><string ID="1">IODeviceTree:/pci/@d/pci-ata
ing></dict>
eWire GUID = 0x50e4ff:0
nt:0
device = IOService:/GossamerPE/pci@80000000/AppleGracklePC
CIBridge/pci-ata@1/CMD646Root/ata-4@0/CMD646ATA/ATADevice
Driver/IOATABlockStorageDevice/IOBlockStorageDriver/ST340
tionS
HFS Untitled_3@10
14, minor 9
with uid=0 audit-uid=-1

반도체 설계를 기계에게 가르치는 것을 시도해볼 수도 있습니다. 코딩처럼 반도체 설계 역시도 그 안에 있는 전자공학적인 규칙이 뻔합니다. 그리고 좋은 반도체 설계란 최소한의 트랜지스터, 저전력 같은 객관적 목표를 두고 있습니다. 이 규칙들을 줘서 기계에게 최적화된 도면을 그리라고 하면 그리긴 그리는데 효율적이지 않습니다. 크기도 크고 전력 소비도 많이 하죠. 기계가 만들어낸 도면을 가지고 고급 인력 수백 명들이 긴 시간을 걸쳐 수작업으로 최적화합니다.

DQN기계가 학습을 잘하고 그 학습의 결과물이 인간보다 뛰어나니 반도체 설계 역시도 DQN기계에게 가르치는 것을 시도하는 겁니다. 만약 잘 학습한다면 반도체를 설계하는 데 1년 걸리던 것에서 1분이면 설계할 수도 있겠지요. 가능하다면 어마어마한 이익을 얻을 수 있을 겁니다.

다른 딥러닝 기반 프로그램으로 마이크로소프트사에서는 동시통역 프로그램을 만들었습니다. 마이크로소프트사는 아주 오래전부터 동시통역기는 시도했었는데 다 실패했었죠. 드디어 딥러닝을 사용해서 성공한 것 같습니다. 영어로 강연을 하면 목소리까지 흉내 내서 딥러닝 기계가 바로 중국어로 통역을 해줍니다.

딥러닝의 진화

◈

 이번에 알파고에 쓰인 딥러닝 방법은 바둑판을 인식하는 컨볼루셔널 신경망 기술CNN, Convolutional Neural Network을 썼습니다. 그리고 2015년 최신 딥러닝은 층수가 152층까지 발전됐습니다. 어마어마하게 높은 층수입니다. 알파고는 48층 높이의 인공신경망을 썼습니다. 층수가 높을수록 더 추상화된 정보를 표현할 수 있다고 했으니 어쩌면 사물 인식을 인간보다 더 잘할 수 있을지도 모르겠습니다. 게다가 이미 얼굴 인식은 기계가 사람보다 더 잘합니다. 사람 얼굴을 알아볼 때 97.53퍼센트의 정확도로 인식하는데 기계는 99.65퍼센트의 정확도로 봅니다.

 이번에 알파고와 이세돌의 대결은 어쩌다가 생긴 이벤트가 아닙니다. 이미 인간과 기계의 대결은 3년 전부터 진행되고 있었죠. 누가 얼굴을 더 잘 알아보나? 기계 승. 물체 인식? 기계 승. 사람은 94.9퍼센트의 정확도로 사물을 알아보는데 2015년의 기계는 96퍼센트의 정확도를 보였습니다. 사물 인식도 이미 기계가 이겼어요. 아직 기계가 잘 못하는 것은 물체를 찾는 것입니다. 인간은 이미지 속에서 물체를 거의 90퍼센트의 정확도로 인식하여 찾아내는데, 기계는 아직 62퍼센트 정도밖에 못합니다. 사물을 찾아내는 것은 조금 더 복잡한 문제인 듯합니다.

딥러닝, 새로운 유행

어쨌든 기계가 드디어 사진을 보고 상황을 인식합니다. 그리고 그 상황을 말로 표현할 수가 있습니다. 2015년 11월 3일에 페이스북에서 LSTM Long short term memory 딥러닝을 사용한 기술을 소개했습니다. 사진을 보여주면 기계가 사진을 인식합니다. 사람이 사진에 대해서 '아기가 어디에 있어?'라고 물으면 '욕실'이라고 대답을 합니다. 사람과 기계가 사진을 두고 대화를 나눌 수 있게 된 거죠.

또 있습니다. 기계는 방법을 모르면 아무것도 못 합니다. 하지만 방법만 알면 더 잘하기는 어렵지 않아요. 페이스북과 같은 기업에서는 1년 후 완전히 새로운 콘텐츠를 제시할지도 모릅니다. 새로운 콘텐츠란 콘텐츠를 '증강'시키는 겁니다. 인간이 콘텐츠를 즐길 수 있는 방법은 두 가지입니다. 첫째, 혼자 즐긴다. 둘째, 여러 명이 함께 즐긴다. 둘 다 장단점이 있습니다. 영화를 혼자 보면 편하지만 외로워서 우울해집니다. 여러 명이 같이 스포츠 중계를 보면 재미있지만 만나야 하니 귀찮기도 해요. 냉장고에 있는 맥주를 다 마시는 문제도 생기겠네요.

만약 이런 식으로 기계와 콘텐츠를 두고 대화를 나눌 수 있다면 인간이 가지고 있는 본능 두 가지를 모두 충족시킬 수 있습니다. 사회성과 편안함, 이 둘을 동시에 만족시킬 수 있게 되겠죠. 내가 내 집에서 잠옷 입고 편하게 영화 보면서도 마치 친구들과 대화하는 것같이 축구를 볼 수 있습니다. '저 미드필더 누구야?'라고 물으면 설명해주겠죠.

그것뿐만이 아닙니다. 우리가 축구 경기를 볼 때 제일 이야기하고 싶은 사람은 따로 있습니다. 바로 경기장 위의 선수겠죠. 메시랑 이야기할 수도 있게 됩니다. 메시가 자신의 목소리와 콘텐츠를 팔면 페이스북은 그걸 시스템화하겠죠. 그렇게 되면 우리는 축구를 볼 때 메시와 대화를 하면서 축구를 보는 거예요. 현재는 아직 불가능하지만 5~10년 안에 가능할 것 같습니다.

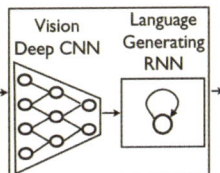

A group of people shopping at an outdoor market.

There are many vegetables at the fruit stand.

A person riding a motorcycle on a dirt road.

Two dogs play in the grass.

A group of young people playing a game of frisbee.

Two hockey players are fighting over the puck.

A herd of elephants walking across a dry grass field.

A close up of a cat laying on a couch.

이와 같이 완전히 새로운 서비스를 제공할 수 있습니다. 모든 콘텐츠들은 이런 식으로 대화 상대가 생길 것이고, 대화 상대는 아주 다양해서 우리가 선택해 대화를 나눌 수 있게 되지 않을까요? 현재는 가능성을 보여줬지만 아마 충분히 가능한 서비스입니다.

구글에서 소개한 프로그램도 소개해볼까 합니다. 이제 기계는 이메일을 읽을 수 있습니다. 예를 들면, 이메일이 도착합니다. '11월 22일에 우리 집에 놀러올래?'라는 내용이죠. 이 이메일을 기계가 읽고 답을 줍니다. '간다, 안 간다, 모르겠다' 버튼만 누르면 알아서 답장을 써줍니다. 이런 방식이 가능해진다면 이것으로 콘텐츠 스팸 필터를 만들 수 있습니다. 매일 수십, 수백 통의 이메일을 받습니다. 이 중에서 형식적인 스팸은 다 걸러내주겠죠. 러시아에서 애인이 나를 기다린다 등의 스팸 메일은 지금도 걸러내주지만 아직 내용이 스팸인 메일은 걸러내지 못해요. 예를 들어, 나와 상관없는 이메일을 차단해주기도 하고 집에 가서 답장하는 것이 더 좋은 메일 등을 구분해주기도 하겠죠. 기계가 메일을 읽고 그렇게 할 수 있게 될 겁니다. 만약 회사 이메일 계정이라면 업무시간에 개인 이메일은 차단하고 저녁에 6시 이후에는 개인

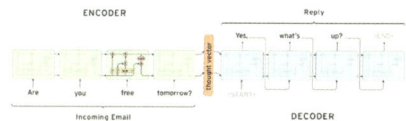

Google SmartReply using Long Short-Term Memory Deep Learning

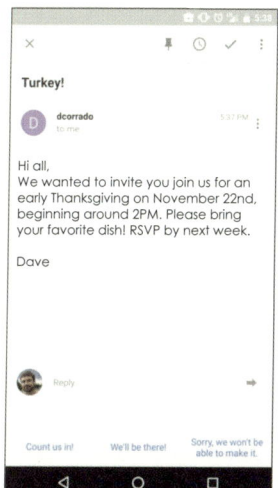

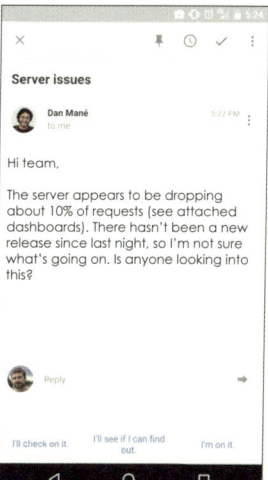

이메일을 풀어줄 수도 있게 됩니다. 회사에는 공유되지 않도록 알아서 구분해주는 거죠. 충분히 가능한 서비스입니다.

2016년 3월 첫째 주에 소개된 사례입니다. 페이스북에서 딥러닝 기계에게 동화책을 읽어주고 있습니다. 동화책을 읽어주면 그 데이터를 바탕으로 새로운 동화책을 씁니다. 이미 시도해봤고 결과도 좋았어요. 〈프렌즈〉라는 미국 시트콤 아시죠? 〈프렌즈〉 대본을 전부 기계한테 입력했더니 새로운 프렌즈 에피소드를 썼습니다. 잘 썼습니다. 읽어보면 왠지 모르게 본 것 같은 느낌이 들어요. 어떻게 가능할까요? 〈프렌즈〉나 〈심슨〉처럼 수백 가지의 에피소드가 있는 건 패턴이 있습니다. 계속 반복돼요. 그럼 이 패턴을 가지고 〈프렌즈〉나 〈심슨〉 속 캐릭터들이 했었을 수도 있는 대화를 만들 수 있습니다. 예를 들어 보자면 심슨이 한국에 온 에피소드를 만들 수 있습니다. 뻔하지 않을까요? 바트는 광화문에서 사고 치고, 호머는 어디서 김치 먹다가 매워서 난동 부리고, 리사는 색소폰 불면서 왜들 이러는지 관망하고. 캐릭터들은 몇 번씩 겪었던 일이니까 그 반복성만 가지고 얼마든지 만들 수 있습니다. 이 기계들이 만든 이야기를 읽어보면 있었던 에피소드같이 그럴싸합니다.

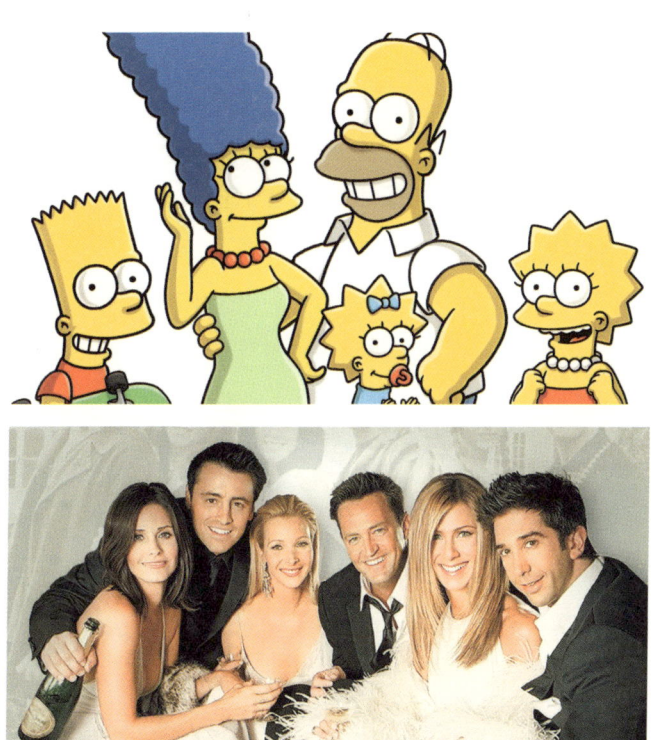

◈

딥러닝을 사용해서 이제는 새로운 걸 만들어내는 게 유행입니다. 페이스북에서도 딥마인드와 딥러닝 기술을 기반으로 바둑 프로그램을 만들고 있습니다. 왜 바둑일까요? 체스는 이미 1997년 카스파로프와 IBM 딥블루의 경기에서 딥블루가 이겼지요. 하지만 잘 아시다시피 바둑에 비교하면 체스는 매우 단순합니다. 체스에서 둘 수 있는 경우의 수는 각 상황당 평균 20가지 선택지가 있으므로 총 체스에서 나올 수 있는 수는 10^{50}가지입니다. 이 정도면 현재 컴퓨터 기술로 계산해서 풀어낼 수 있어요. 10^{50}가지의 옵션이 있다는 것은 가볼 수 있는 길이 10^{50}가지라는 것이고, 컴퓨터는 대부분의 길을 다 가보고 어느 길이 제일 좋은지 압니다. 이런 방식으로 IBM이 카스파로프를 이겼어요. 1997년의 컴퓨터 기술이었죠.

그런데 바둑 같은 경우는 매번 할 수 있는 옵션이 200가지 정도 입니다. 따라서 바둑에서는 10^{170}가지 이상의 길들이 존재해요. 이 모든 길을 다 계산할 수는 없습니다. 계산으로는 절대 불가능한데 프로 바둑기사들은 최적의 수를 찾아냅니

다. 바둑기사들이 몇억 년 동안 계산하지 않아도 해냅니다. 그리고 그 수는 가볼 수 있는 길 중 최적화된 지름길로 가지요. 프로기사에게 '어떻게 가세요?'라고 물어보면 말로 설명을 못해요. 이 사람들은 다 '직관'이라고 대답합니다.

바둑을 직관의 게임이라고 이야기하는 이유는, 프로 바둑기사들이 '딱 보면 이거 같아요'라며 수를 두는데 '어떻게 알아요?'라고 물어보면 설명을 못 하기 때문입니다. 그냥 오래 하면 된대요. 우리가 바둑책을 아무리 읽어도 이세돌 기사 같은 직관은 안 생겨요. 책으로 설명할 수 없고 표현할 수 없는 90퍼센트의 비정형 데이터가 있습니다. 이세돌 9단도 본인 머리 안에 있는 그 지식을 언어로 표현할 수 없습니다.

이런 맥락으로 바둑은 상당히 직관적인 게임이고 현재 기호를 통해서는 바둑기사들의 직관을 말로 표현할 수 없기 때문에, 전통적인 인공지능 기계에게는 프로급 바둑을 가르쳐줄 수가 없습니다. 이전의 방법으로는 표현할 수 있는 만큼 가르쳐줄 수 있었으니까요. 딥러닝이 가능해지고 난 후 개발자들은 저장된 기보들을 가지고 기계를 학습시키기 시작했습니다. 페이스북 역시 다크 포레스트Dark Forest라는 바둑 프로그램을 만들었습니다. 2016년 1월 저커버그가 본인 블로

nature

THE INTERNATIONAL WEEKLY JOURNAL OF SCIENCE

At last — a computer program that can beat a champion Go player **PAGE 484**

ALL SYSTEMS GO

CONSERVATION

SONGBIRDS À LA CARTE
Illegal harvest of millions of Mediterranean birds
PAGE 452

RESEARCH ETHICS

SAFEGUARD TRANSPARENCY
Don't let openness backfire on individuals
PAGE 459

POPULAR SCIENCE

WHEN GENES GOT 'SELFISH'
Dawkins's calling card forty years on
PAGE 462

NATURE.COM/NATURE
28 January 2016 £10
Vol. 529, No. 7587

그에 '바둑을 다 풀었다'라고 게시했지요. 얼마 후 구글의 알파고가 《네이처》에 게재됩니다. 구글이 결국 바둑에서는 페이스북을 이겼습니다.

◈

피카소가 이런 이야기를 했습니다. 컴퓨터는 있으나 마나 한 물건이다. 매번 답만 찾는 기계는 소용없다. 자, 이제 기계가 질문을 찾을 수도 있을까요? 충분히 그럴 수 있다고 생각합니다. 딥러닝 기계의 특징은 아래층에서 작은 단위를 인식하고 위로 올라갈수록 높은 단위를 인식해서 정답을 찾는 것입니다. 그런데 이것을 왜곡시킬 수도 있습니다. 아래층 신경세포들이 찾은 답은 오답이 많습니다. 시야가 좁기 때문이죠. 좁은 시야는 어쩔 수 없이 오답을 냅니다. 예를 들어, 지금 신경세포가 나머지는 못 보고 오직 머리카락만 보고 있다면 그냥 까만 것만 봅니다. 이 신경세포는 이것을 머리카락으로 볼 수도 있고, 석탄으로 입력하기도 합니다.

딥러닝에서는 이런 오답들이 있어도 위로 올라가면서 넓어진 시야로 이 오답들을 가지고 투표를 합니다. 위가 검정

인데 아래가 살색인 것을 보게 되죠. 그럼 이건 석탄은 아니라고 투표를 합니다. 아직 고양이일 수는 있어요. 좀 더 멀리서 봤더니 팔이 있어요. 그럼 이제 고양이가 탈락됩니다. 이렇게 투표가 끝나고 나면 남는 건 사람일 확률이 제일 높다고 결론을 내는 거예요. 이때 중간에 잘못 찾은 답을 키워줄 수가 있습니다. 일반적인 딥러닝에서 오답들을 죽여주는 것과 반대로. 그럼 어떤 일이 벌어질까요? 〈천지창조〉 같은 그림을 집어넣으면 원래라면 사람, 하늘, 손가락으로 인식하겠지요. 이 인식과정에서 부분적으로 오답을 키워줍니다. 이 오답을 키워줄 때 동물을 인식하게 만든 시스템을 적용할 수도 있어요. 이렇게 적용했을 때 부분적으로 자기가 아는 동물들만 찾아냅니다. 아주 부분적인 단위로 찾아내죠.

〈천지창조〉를 인식시켰을 때 이렇게 해석할 수도 있습니다. 강아지, 새, 새 부리, 양, 고양이가 뒤섞여 있죠. 왜곡된 딥러닝 기계가 봤을 때 그렇게 생겼기 때문이죠. 각 부분을 뜯어봤을 때 이게 가장 확률이 높은 해석인 거예요. 왜곡시키기 전에는 나머지를 다 보기 때문에 투표에 의해 삭제되는데 삭제되지 않도록 하는 거죠. 이 딥러닝 기계로 그림을 그리는 딥드림Deep Dream이라는 새로운 분야도 생겼습니다. 딥

드림으로 그린 어떤 사람의 초상화가 1억 원에 팔렸다고 하더군요.

각자의 얼굴도 얼마든지 왜곡시킬 수 있습니다. 콧구멍을 눈으로 보게 할 수도 있습니다. 잘못된 해석을 집어넣은 거죠. 이렇게 봤더니 귀를 본 어떤 신경세포가 눈이라 해석했고 이 오답을 죽여주지 않으니 살아남아서 눈으로 표현된 거예요.

재미있는 것은 딥러닝이라는 모델을 뇌를 이해하려고 만들었는데 딥러닝이 복잡해지니 딥러닝 자체를 이해 못 하게 됐습니다. 딥러닝이 도대체 왜 이렇게 만들어내는지 모르겠어요.

딥러닝으로 가지각색의 화가를 키울 수 있습니다. 풍경사진을 우선 찍었습니다. 그냥 동네 사진입니다. 그 전에 딥러닝 기계한테 고흐 그림을 잔뜩 집어넣었어요. 그다음 이 사진을 집어넣었더니 사진을 고흐 그림같이 만들어줍니다.

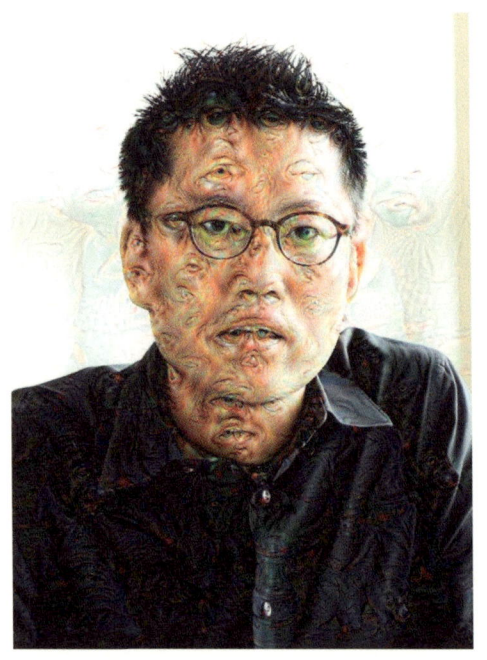

칸딘스키, 피카소, 뭉크, 터너 다 가능합니다. 사진뿐만이 아닙니다. 컴퓨터는 동영상을 인식할 수 있잖아요. 쉽게 말해 고흐가 고프로Gopro를 가지고 세상을 어떻게 찍었을까 상상해볼 수 있습니다. 어떤 특정 화가를 가지고 학습시킨 후 각 풍경을 동양화로 재생할 수도 있고, 칸딘스키처럼 영상화할 수도 있습니다.

딥러닝의 진화 **207**

9장

20160309
이세돌 vs 알파고

이세돌 vs 알파고

 이 시점에서 가장 궁금해하는 알파고 이야기를 하겠습니다. 우리에게 2016년 3월 9일부터 15일 사이는 마치 고대 그리스 비극과 희극을 동시에 보는 롤러코스터 같은 날들이었습니다. 100만 대군을 이끌고 그리스를 침공했던 크세르크세스 1세의 승리를 믿었던 페르시아인들처럼 우리 모두는 인간의 승리를 확신했었죠.

하지만 인류를 대표하는 이세돌 9단은 영국에서 건너온 알파고와의 첫 3국에서 연달아 무너지고 말았습니다. 4국에서는 다행히 승리했지만 이미 이번 대국의 승리는 알파고로 결정된 후였지요.

이번만큼은 이세돌 9단이 이길 것이라 믿었습니다. 좀 더 엄밀히 말하면 이세돌 9단이 인류를 위해 이겨주길 바랐던 것인지도 모르겠습니다. 2015년 10월 유럽 바둑챔피언 판 후이Fan Hui와의 대결에서 알파고는 그다지 강하지 않다고 바둑 전문가들이 말했으니까요.

이세돌 9단 역시 대국을 시작하기 전까지만 해도 자신만만했습니다. 한국의 아마추어 레벨에 불과한 유럽 바둑챔피언과 이세돌 9단을 비교하는 것은 우리에게도 이세돌 9단에게도 자존심 상하는 일이었겠지요.

하지만 우리가 간과한 것이 있었습니다. 알파고는 잠도 자지 않고 꾸준히 업그레이드를 한다는 사실이지요. **그리고 단 5개월 만에 알파고는 아주 빨리, 아주 많이 진화해버렸습니다.**

알파고는 바둑판을 알아보는 딥러닝과 승부 결과를 기반으로 현재 수의 가치를 평가하는 '깊은 보상 학습' 알고리즘을 사용합니다. 알파고의 바둑판 인식 딥러닝은 48층의 인공신경망을 사용했습니다. 인간의 신경망은 보통 10층에서 15층 정도라고 앞서 말씀드린 바 있죠. 깊으면 깊을수록 더 추상적인 정보를 학습할 수 있으니, 어쩌면 알파고는 이미 인간보다 더 먼 미래를 예측해 수를 두고 있는지도 모릅니다. 먼 미래를 위해 추운 아침에 출근하는 어른들의 행동을 '실

수'라고 생각하는 어린아이같이, 우리도 어쩌면 인간의 상상력을 초월한 먼 미래를 위해 둔 알파고의 한 수를 '실수'로 착각할 수 있을 만큼 인공지능은 진화했습니다.

알파고의 기보

　구글에서 알파고에게 16만 판의 바둑 기보를 입력했습니다. 이 16만 판의 데이터를 가지고 학습을 시킨 다음 여러 버전의 알파고를 만들었습니다. 그래서 서로 대결을 하게 했죠. 앞에서 말한 셀프 시뮬레이션입니다. 알파고끼리는 무한으로 대결할 수 있습니다. 그 대결에서 나온 수천수만 개의 데이터는 또 알파고의 학습 데이터가 됩니다. 이런 식으로 무한 개의 기보를 만들어낼 수 있죠. 인간으로서는 도저히 숙지할 수 없는 끝없이 많은 데이터를 기반으로 학습합니다. 이 수천만 장의 기보 속 바둑의 비법이 어디에 들어 있을까요? 앞서 말한 것과 같은 48층의 아주 깊은 신경회로망 안에 들어 있습니다. 바둑에서는 신수라고 말하겠죠.

이것을 말로 설명할 수는 없습니다. 바둑 한 단위, 두 단위, 네 단위, 한 수, 두 수, 여덟 수. 미래를 보면서 시간과 공간적으로 표현이 된 거예요. 그리고 알파고를 판 후이와 대결을 시켰더니 이겼습니다. 유럽챔피언과의 다섯 번의 대국에서 다섯 번 이겼죠. 그리고 3월 9일 이세돌 9단과 대전을 준비했습니다. 이 경기를 한다는 말이 나왔을 때 당연히 이세돌 기사가 100퍼센트 이길 거라고 생각했어요. 저뿐만 아니고 모든 바둑 전문가와 대부분의 인공지능 전문가가 이긴다고 이야기했어요.

하지만 인간이 놓친 점이 있었습니다. 알파고는 인간을 잘 압니다. 근데 우리는 알파고를 잘 모릅니다. 유일하게 알파고에 대해 아는 건 1월 28일에 나온 논문과, 2015년 10월에 있었던 판 후이와의 대결뿐입니다. 근데 판 후이와의 대전을 분석하니 판 후이보다 알파고가 조금 더 잘하더라는 거죠. 판 후이는 비록 유럽챔피언이지만 우리나라 수준으로는 프로급도 아닌 사람이잖아요. 그래서 이세돌 9단 혹은 여타 바둑 전문가들은 그걸 보고 알파고가 판 후이보다 2배 정도 더 잘한다고 하더라도 이세돌 9단에는 한참 못 미치는 실력일 거라고 생각했습니다. 판 후이가 우리나라 프로 초단이라

고 해도 알파고는 프로 2, 3단 정도일 거라고 생각했고, 5개월 동안 학습해서 성장했겠지만 아무리 성장해도 프로 5, 6단 정도일 것이라는 게 모든 전문가들의 생각이었죠. 그러니 이세돌 9단도 한 번이라도 지면 지는 거라고 이야기했었습니다.

그런데 신기한 일이 벌어졌습니다. 첫 번째 경기에서는 이세돌 9단이 잘 뒀습니다. 그런데 알파고는 좀 더 잘했죠. 두 번째 대국에서 이세돌 9단은 매우 잘했습니다. 그런데 알파고가 좀 더 잘했어요. 여기서 우리가 섬뜩한 결론을 낼 수 있는데, 사실 알파고의 진정한 실력은 아무도 모른다는 거예요. 알파고는 상대방한테 이길 만큼만 잘 둡니다. 본인의 실력을 진짜 보여주지 않죠. 어쩌면 알파고가 본인의 실력을 다 보여준다는 게 무의미한 것이, 이기라고 프로그램 됐으니 가장 효율적으로 이깁니다. 압도적으로 이기는 건 낭비겠지요. 판 후이와 할 때는 판 후이보다 조금 더 잘했고, 실수하던 이세돌 기사와 둘 때는 이세돌 9단보다 좀 더 잘했고, 본래의 이세돌 9단과 겨룰 때는 그 이세돌 기사보다 좀 더 잘 둡니다. 마치 우사인 볼트가 초등학생하고 달리기할 때는 초등학생보다 좀 더 빠르게 달리고, 고등학생하고 달리면 고등

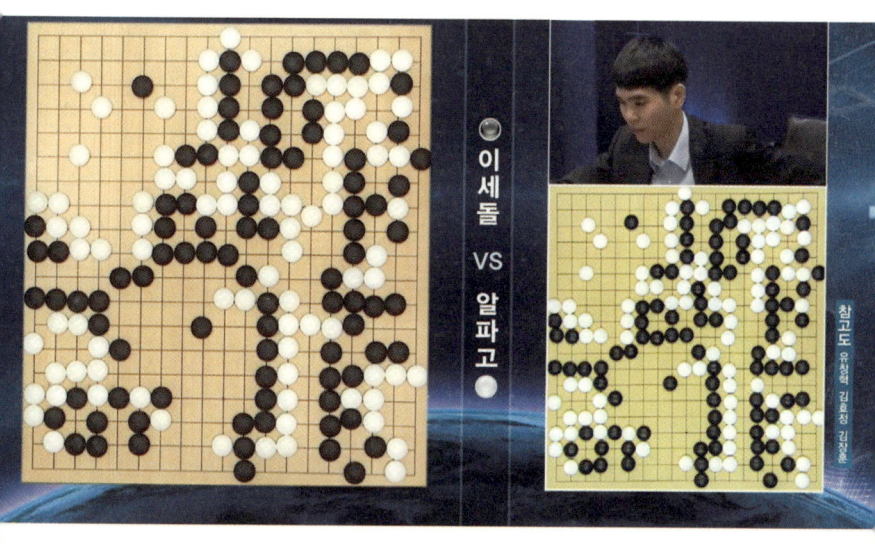

이세돌 VS 알파고

학생보다 좀 더 빨리 달리는 것처럼요. 항상 조금 더 잘하다 보니 사실은 알파고가 얼마만큼 잘하는지 딥마인드 개발자들도 모를 것 같아요.

알파고를 설계한 데이비드 실버 박사와 얼마 전 만나 경기 전에 물어봤어요. '어떨 것 같냐?'라고 물었더니 이 사람은 비즈니스맨이 아니기 때문에 이런 부분에 대해 솔직하게 답변했습니다. '판 후이와 대국할 때보다 훨씬 더 잘한다. 그렇지만 잘 모르겠다. 아마 50 대 50 정도 되지 않을까. 아마 3:2 또는 2:3 정도로 예상한다.' 근데 훨씬 더 잘했습니다. 4:1로 승부가 갈렸죠. 결론은 딥마인드 개발자들도 알파고의 진정한 실력을 모른다는 겁니다. 알파고는 테스트할 수 있는 만큼만 보여주니까요. 회사 안에는 잘하는 사람이 없으니까 했었던 사람들보다는 더 잘한다고 생각했겠죠. 그래서 얼마나 잘하는지 알고 싶어서 가장 잘하는 사람에게 와서 테스트를 해본 겁니다. 그런데 여기서도 이세돌 9단보다 조금 더 잘했습니다. 네 번째 대국에서 이세돌 9단이 이겼지만, 알파고에 컴퓨터 1,000대만 더 연결시키면 더 잘 둡니다.

약점이 더 위협적이다

구글은 이번 이벤트를 통해 알파고의 능력을 테스트해보고 싶었습니다. 하지만 더 중요한 이유가 있습니다. 알파고는 큰 버그를 하나 가지고 있습니다. 알파고는 인간이 16만 번 둔 기보를 기반으로 학습했고, 이후에는 스스로 셀프 시뮬레이션해서 나머지 데이터를 얻었습니다. 그러다 보니 원천 데이터에 문제가 있으면 그 문제가 계속 확장돼서 버그가 돼버립니다. 네 번째 대국 때 알파고가 허점을 보였었는데, 아마 이것은 원천 데이터에 좋은 정보가 없었기 때문에 그러지 않았을까 추측해봅니다. 알파고는 아마추어 레벨로 트레이닝했다고 해요. 그런데 이세돌 9단 같은 프로와의 대국 데이터를 가지고 또 여러 가지 알파고 버전을 만든 다음 다시 가상의 이세돌 기사를 만들어 또다시 셀프 시뮬레이션해볼 수 있겠죠.

알파고의 약점은 또 있습니다. 알파고의 경우 한 번 학습하려면 수천만 개의 엄청난 데이터가 필요합니다. 아직까지 이 세상에서 학습을 가장 잘하는 지능은 인간입니다. 이세돌 9단은 알파고와 세 번 대결하고 적응하기 시작했습니다. 네 번째 대국에서는 이겼으니까요. 이 부분은 정말로 대단한 점입니다.

기계학습에서 이런 능력을 '원샷 학습법'이라고 부릅니다. 한 번 보고 익히는 것을 지칭하지요. 인간은 원샷 학습법으로 배웁니다. 어린아이 때 고양이 두세 마리만 보면 평생 고양이를 알아볼 수 있어요. 기계는 하나를 배우기 위해 수천만 번을 배워야 하지만 이세돌 9단은 세 번의 대국을 복기함으로써 알파고를 이해할 수 있게 된거죠. 어쩌면 딥마인드에서 이세돌 기사와의 대결을 통해 원샷 학습법의 원리를 습득하려 든 것은 아닐까 하는 상상을 해볼 수도 있겠습니다.

그리고 아직까지 딥러닝이 가장 못하는 것 중 하나가 실시간 학습입니다. 현재의 딥러닝 기계는 1,000가지 물체를 알아봅니다. 그런데 이때 새로운 물체 하나를 추가로 학습하려면 이미 알고 있는 1,000가지는 잊어버려야 해요. 근데 인간은 그렇지 않습니다. 예를 들어, 우리가 세상에 대해 꽤 많이 알고 있는데 새로운 사실을 학습하기 위해 알고 있던 것을 다 잊어야 할 필요는 없습니다. 내가 지금 아는 친구 이름이 100개 정도인데 새로운 사람 이름을 외우기 위해 100개를 잊고 다시 외울 리 만무합니다. 하지만 지금 기계는 그렇습니다.

알파고도 우리나라에 오기 전까지 학습을 다 끝낸 상태였기 때문에 다섯 번 다 똑같은 시스템으로 경기를 할 수밖에 없었습니다. 중간에 이세돌 기사와의 대국 데이터로 새로이 학습을 시키려면 그 전에 배웠던 것을 다 잊어야 해요. 그건 너무 위험한 시도입니다. 하지만 이것 역시 개선의 여지가 충분한 문제들이죠. 어쨌든 결론은 인공지능이 이겼습니다. 드라마 〈응답하라 1988〉에서 바둑기사로 나오는 최택도 실업자가 될 수 있는 세상이 왔습니다. 이 이벤트로 우리가 얻은 큰 논의 중 가장 중요한 쟁점은 이것입니다. 결국 딥러닝 기계가 추론해낼 수 있는 깊이는 이미 인간보다 깊습니다. 인간은 10~20층 높이인데, 알파고는 48층, 마이크로소프트사의 기계는 152층이에요. 어쩌면 이 기계들이 인간이 상상할 수 없는 미래를 추상화하고 있을지도 모른다는 점입니다.

이번에도 보니 인간 프로기사들은 20수를 내다본다 하던데 게임에서 자주 봤겠지만 알파고가 수를 두면 아마추어도 안 하는 실수라 했잖아요. 근데 40수 뒤에 보니 그게 굉장히 중요한 역할을 한 거잖아요. 우리는 모르는 미래를 알파고는 이미 알기 때문에 준비해두는 거죠.

어릴 때에는 무언가를 잘해내면 바로 초콜릿 하나를 받곤 했습니다. 지적인 능력이 깊지 않으면 바로 보상이 필요했죠. 동물들을 조련할 때도 잘하면 먹을 것을 던져줘야 합니다. 동물들에게 '지금 잘하면 10년 후에 보상해줄게'라고 아무리 말해도 안 먹혀 들어가는 법이죠. 근데 사람에게는 먹혀 들어갑니다. 우리는 이미 10년 후, 20년 후를 대비해서 지금 열심히 일합니다. 지금 내가 일을 열심히 한다고 해서 아무도 내 입에 초콜릿을 넣어주지 않아요. 어쩌면 알파고의 사고로 봤을 때 인간은 그저 다섯 살짜리 어린아이처럼 비칠 수도 있습니다. '왜 수를 저렇게 두나?' 알파고는 알고 있지만 아무리 설명해줘도 인간은 모를 거예요. 아침에 출근하는

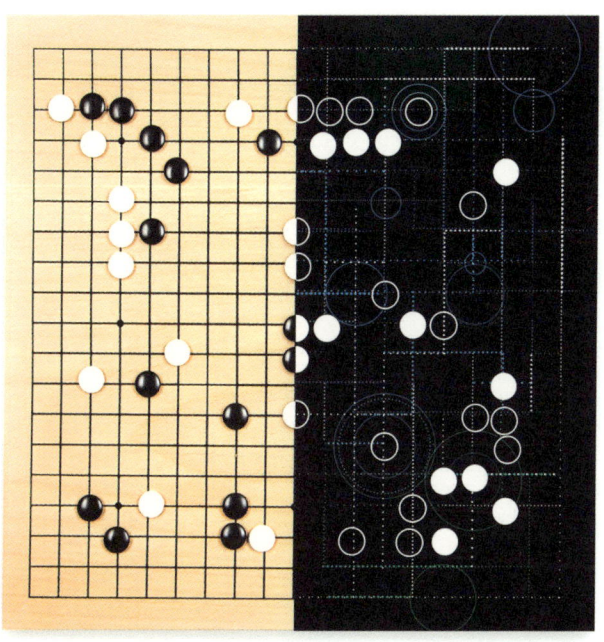

아빠가 다섯 살짜리 아들에게 왜 출근해야 하는지 아무리 설명해도 이해할 수 없는 것과 마찬가지죠. 아직 사고의 폭이 그 깊이까지 없으니까요. 이번 이벤트에서 이 부분이 가장 흥미 있는 부분이었습니다.

#　10장

인지자동화 산업의 등장

자동화는 대량생산이다

딥러닝을 기반으로 한 인공지능을 만들었더니 답을 찾을 뿐만 아니라 전혀 기대하지 않았던 일을 마구 해냅니다. 이 약한 인공지능을 조금 더 엄밀히 말하자면 '인지자동화'라고 볼 수 있습니다. 자동화의 핵심은 대량생산입니다. 100년 전 독일의 칼 벤츠가 자동차를 생산했을 때는 수작업이었습니다. 완성도는 높았으나 당연히 비쌌죠. 1908년 미국의 헨리 포드가 포드 모델 T Ford Model T를 만들면서 자동생산이 시작됐습니다. 대량생산으로 돌입했죠. 생산공정이 자동화되고 나니 가격은 100분의 1로 떨어졌지만 완성도는 여전히 높았습니다. 우리가 250여 년 전, 영국 맨체스터에서 산업혁명을 시작한 후부터 물질적인 생산은 기계의 몫이었습니다. 그 덕분에 인류는 시간을 얻었죠. 그래서 교육도 받고 지적인 노동도 할 수 있었습니다.

신기하게도 육체적인 노동은 기계에게 거의 다 넘겨줬는데, 지적인 노동은 아직 수작업으로 하고 있습니다. 지금까지 딥러닝 혹은 인공지능이 보여준 시나리오를 통해 어쩌면 머지않아 상당히 많은 지적인 노동 역시 자동화될 수 있음을 생각할 수 있습니다. 다시 말하지만 자동화의 핵심은 대량생산입니다. 대량생산 체제로 가면 가격이 저렴해지죠. 인간의 노동력과는 가격비교를 할 수 없을 만큼 싸집니다.

이 시나리오 중 가장 가능성 있는 산업이 바로 자동차 산업입니다. 자율주행차. 자동차는 150여 년 전에 탄생해 인간의 삶에 많은 변화를 가져다줬습니다. 하지만 운전은 여전히 사람이 합니다.

그런데 2016년 지금 현재 자율주행기술을 많은 회사들이 개발하고 있습니다. 특히 2015년에는 전 세계 최고 IT 업계들과 자동차 업계들이 협업하기 시작했습니다.

무인자동차

2016년 1월 라스베이거스에서 열린 국제전자제품박람회 CES에서 소개된 사례로, 그래픽 회사인 엔비디아nVIDIA는 딥러닝 기반 컴퓨터 보드를 소개했습니다. 이 컴퓨터 보드를 달고 다니면 운전 중에 자동으로 사람과 세상을 인식합니다. 안개가 껴도 큰 문제 없이 인식합니다. 엔비디아의 이 시스템은 앞으로 볼보Volvo 차량에 적용될 전망입니다. 신기한 점은 이 기술은 2012년, 그러니까 3년 전에 개발됐어요. 그리고 3~4년 만에 자동차 안에 적용되는 거예요. 엔비디아 드라이브 PX라는 컴퓨터 보드를 컴퓨터에 달고 다니면 딥러닝을 사용해서 자동차가 세상을 알아봅니다.

무인자동차를 만들 때는 라이더LIDAR라는 기술도 필요합니다. 이 기술은 자동차의 눈입니다. 왜 눈이 필요할까요?

사람이 더 이상 운전을 하지 않으니 사람의 눈을 대신해줄 정보 입력 매개체가 필요해졌죠. 컴퓨터 보드가 있어서 정보만 있으면 세상을 알아보는데, 알아보자니 봐야 하겠지요. 이 기술은 레이저를 쏘아서 반사된 빛을 통하여 정보를 입력합니다. 이 기계는 상당히 복잡한 기계라서 가격이 무지 비쌉니다. 1억 원이에요. 자동차 가격이 몇천만 원인데 눈 하나 다는 데 1억이라면 상용화되지 않겠죠. 그런데 2016년 1월 CES에서 새로운 라이더가 소개됐습니다. 가격은 25만 원입니다. 무인자동차의 시대는 생각보다 훨씬 가까이 와 있습니다.

Google's joke?

무인자동차는 구글이 열심히 만들고 있습니다. 그런데 이것도 구글의 농담Google's joke 중 하나가 아닐까 의심해볼 수도 있죠. 구글은 상당히 많은 걸 하겠다고 해놓고 안 하거든요. 구글의 비즈니스 모델입니다. 이것은 1960년도 IBM이 사용했던 비즈니스 모델과 정반대죠. 1960년대 IBM은 자신들이 완성하지 않은 제품을 완성했다고 먼저 소개를 하는 비즈니스 모델을 썼어요. 그럼 경쟁사들은 비슷한 것들을 만들다 포기해버렸죠. 어차피 IBM이 다 했으니까요. 그런데 사실은 완성되지 않았었기에 5~6년 후에 상용화됩니다. 이런 비즈니스 모델을 베이퍼웨어라고 부릅니다.

IT에서는 하드웨어, 소프트웨어, 베이퍼웨어vaporware가 있습니다. 그중 베이퍼웨어란 존재하지 않는 거품 같은 것을 지칭하죠. 그런데 구글은 안티베이퍼웨어를 만듭니다. 예를 들면, 구글 글래스 같은 것들. 하겠다고 하고 모델과 프로토타입까지 만들어요. 그러면 전 세계 모든 회사가 '구글이 구글 글래스를 만드니까 우리도 하자' 하고 거기에 다 뛰어듭니다. 여기서 어떤 수익이 날지는 아무도 모른 상태에서 다른 회사들이 시작하면 구글은 그 사업에서 슬쩍 빠집니다. 안 해요. 이런 식으로 자신들의 경쟁사들이 될 수 있는 한 모든 시간과 에너지와 자원을 낭비하게 만듭니다. 어쨌든 구글이 자원이 제일 많기 때문이죠. 결국 삼성이나 소니가 구글 글래스에 모든 자원을 투자하는 동안에 구글은 인공지능에 집중했어요. 구글만이 동시에 다 할 수 있는 자원을 가지고 있기 때문이죠.

그래서 혹시 무인자동차도 그런 베이퍼웨어가 아닐까 하는 의구심을 가져볼 수도 있겠습니다. 구글은 이걸 두고 '구글의 농담'이라고 불러요. 가끔 실리콘밸리에 가면 '너희도 로봇 만든다며? 너희도 구글의 농담에 빠졌구나'라고 놀립니다. 무인자동차도 구글의 농담일까요? 아마도 무인자동차만은 아니라고 생각합니다. 구글은 무인자동차 개발뿐만 아니라 존 크라픽John Krafcik을 영입했어요. 존 크라픽은 현대자동

차 미국법인 전 사장이었습니다. 존 크라픽은 인공지능 전문가가 아니라 자동차를 잘 파는 사람이죠. 특히 현대자동차같이 인지도가 없었던 차를 미국에서 성공시킨 사람을 영입했다는 것은 진짜 자동차를 팔 생각이 있다고 예상할 수 있습니다.

One person, One car?

　지금 현재 실리콘밸리의 거의 모든 회사들이 자동차를 개발하고 있습니다. 구글뿐만 아니라 애플은 2019년부터 차를 내놓겠다 공표했고 테슬라, 아마존도 자동차를 개발하고 있습니다. 왜 이 기업들이 모두 자동차를 만들겠다고 할까요?

　테슬라모터스 CEO 엘론 머스크Elon Musk의 인터뷰를 읽은 적이 있습니다. 인터뷰에서 머스크는 자동차는 인간이 가진 도구 중 가장 비효율적인 도구라고 말했습니다. 꽤나 설득력 있는 이야기예요. 수천만 원을 주고 사서 90퍼센트는 회사나 집에 서 있기만 합니다. 제 차도 어딘가에 서 있어요. 대체로 30분 운전해서 학교 지하 주차장에 세워놓고 10시간 놀고 있죠. 달리 말하면 이건 말도 안 되는 일입니다. 공장을 세웠는데 시간의 9할 동안 기계가 서 있다는 건 말도 안 되게 비효율적이지요. 지금까지의 자동차는 어쩔 수 없었던 것이 사람이 운전을 해야 했기 때문이죠.

그런데 자동차가 스스로 운전할 수 있다면 어떻게 변할까요? 미국에서 설문조사를 해보니 상당수의 사람들이 무인자동차 시대가 온다면 굳이 자동차를 소유하지 않을 것이라 대답했습니다. 자동차 스스로 다니는데 10시간이나 세워둔다는 것은 낭비라는 거죠. 20퍼센트도 안 되는 사람들만이 자동차를 소유하겠다고 대답했습니다. 대부분의 사람들은 내가 원할 때 저렴하고 깨끗한 이동수단만 사용하면 된다고 응답했죠. 무인자동차가 상용화된다면 아침에 차가 나를 데려다주고 다른 사람 데리러 가면 되겠죠. 이런 식으로 시뮬레이션해본 결과 현재 있는 자동차의 10퍼센트만 있으면 모든 사람을 운송할 수 있다고 합니다.

자동차 수가 10퍼센트로 줄어들면 여러 가지 이점이 있습니다. 우선 거리에 주차장이 사라집니다. 자동차는 서 있지 않고 항상 돌아다니겠죠. 매연도 줄어듭니다. 또 자동차 숫자가 줄어드니 도시가 다시 녹지화됩니다. 넓은 길도 필요 없어지겠죠. 사용자 입장에서는 최상의 시나리오이지만 문제점도 있습니다. 자동차 생산과 연관된 대부분의 직업군들이 사라질지도 모릅니다. 주유소, 자동차 정비소, 보험사 등. 그중 우리나라에서 제일 걱정하는 점은 10퍼센트의 자동차만 있으면 된다는 점입니다. 그렇게 된다면 완성차 업계의 90퍼센트가 사라질 수도 있습니다. 자동차 산업 비중이 큰 우리나라 입장에서 큰 걱정이죠.

무인자동차가 생기면 어떤 일이 벌어질까에 대한 다양한 논문들이 있습니다. 어느 한 논문에 따르면 무인자동차 시대가 되면 자동차 한 대당 4,000달러씩 비용을 절감할 수 있다고 합니다. 미국의 투자 자문 회사 모건 스탠리 Morgan Stanley에서 만약 무인자동차 시대가 온다면 얼마만큼의 비용이 절약될까 계산해본 결과가 있습니다. 상상을 초월하는 돈이 절감됩니다. 미국에서만 1년 기름값 중 160억 달러를 절약할 수 있다고 해요. 왜일까요? 사람은 운전을 못합니다. 우리는 필요 이상으로 브레이크를 밟고 필요 이상으로 가속 페달을 밟습니다. 그 과정에서 엄청난 기름이 낭비되죠. 또 차가 많기 때문에 교통정체가 생기고 이 때문에 도로 위에 쓸데없이 많은 기름을 쏟아버린다는 거예요. 게다가 자동차 사고를 일으키죠.

사실 사람이 운전하는 일은 상당히 위험한 행동입니다. 사람은 거울 두 개와 차 유리를 두 눈으로만 바라보면서 1톤짜리 쇳덩이를 시속 100킬로미터로 달리게 합니다. 기계가 운전하면 자동차 사고의 90퍼센트가 줄어들 것이라고 예측합니다. 교통체증도 사라지겠죠. 사람은 운전을 잘 못하다 보니 신호에 효율적으로 대응하지 못합니다. 사거리에서 빨간불이 파란불로 바뀌었을 때, 스무 대가 동시에 출발하는 편이 가장 효율적인데 첫 번째 차가 3초 후에 출발하고 그다음 차는 4초 후, 그다음 차는 5초 후…. 그러다 보니 지나갈 수 있는 최대치의 3분의 1 정도밖에 못 지나갑니다. 거의 모든 교통체증이 사거리에서 생긴다고 알려져 있는데 그 문제가 해결될 수 있습니다.

갖가지 이윤을 계산해봤더니 미국에서만 1년에 1.3조 달러를 절감할 수 있다고 합니다. 미국의 국가 전체 예산이 1년에 4조 달러예요. 1년 예산의 거의 30퍼센트를 아낄 수 있습니다. 전 세계적으로 따진다면 사람이 운전을 하지 않으면 5.8조 달러의 경제효과가 생깁니다. 즉, 인간이 운전을 함으로 5.8조 달러가 낭비되고 있는 거예요. 다시 말해, 사람이 운전 안 하면 5.8조 달러로 다른 투자를 할 수 있습니다. 가히 엄청난 액수입니다.

카토피아 vs 카디스토피아

사람이 운전을 안 하게 됐을 때 두 가지 시나리오를 상상해볼 수 있습니다.

먼저 카토피아CarTopia가 있습니다. 세상이 정말 좋아집니다. 자동차들은 최적화되어 거리를 다닙니다. 기름도 적게 들겠죠. 그것보다 더 중요한 것이 있습니다. 지금 다니는 차들은 5~10미터의 간격을 두고 운행합니다. 위험하기 때문이죠. 하지만 무인자동차들은 바짝 붙어갈 수 있습니다. 10센티미터 간격으로 다닐 수도 있어요. 이렇게 차들이 다니면 플래툰platoon 효과에 의해 공기저항이 줄어듭니다. 사이클 경기를 보면 항상 앞 선수 뒤에 바짝 붙어서 달립니다. 왜냐하면 앞 사람이 공기를 다 막아줘서 뒷사람은 공기저항이 확 줄어들기 때문입니다. 시속 30킬로미터가 넘어가면 공기저항은 꽤나 큰 저항력이기 때문에 공기저항이 줄어들면 효율이 높아져요. 이렇게 자동차들이 플래툰 시스템으로 달리면 뒤에 있는 차들은 에너지를 아낄 수 있습니다.

또 우리가 자동차를 소유하지 않고 공유하면 차가 90퍼센트 줄어들고 사고율도 90퍼센트 줄어든다고 했습니다. 그렇게 되면 자동차는 지금보다 훨씬 가벼워져도 됩니다. 사고가 거의 안 나니까요. 현재의 자동차 내부에 있는 상당히 많은 것들이 안전을 위한 장치들입니다. 사고가 많이 나니까 자동차는 튼튼해야 하고, 에어백도 있어야 하죠. 지금까지의 도로는 위험하니까 그 많은 안전장치들을 달고 다녔는데 만약 사고율이 현저히 떨어진다면 안전장치를 모두 갖출 필요는 없어집니다. 따라서 기계가 엄청 가벼워지겠죠. 그럼 에너지 효율도 올라갑니다. 선순환positive feedback이 계속 일어나죠.

반대로 카디스토피아CarDystopia도 있습니다. 에너지 사용량은 (효율성)×(사용시간)입니다. 앞서 계산했던 카토피아의 입장은 효율성이 좋아진다는 것만 봤고, 사람들의 생활은 똑같을 것이란 입장이었죠. 하지만 무인자동차가 생기면 사람들은 여행을 즐기게 될 수도 있습니다. 왜일까요?

무인자동차는 여행에 아주 최적화된 기술입니다. 현재는 이동할 때 두 가지 옵션이 있습니다. 내 차, 대중교통. 각각 장단점이 있어요. 내 차는 사생활 보호가 되는 편안함이 있는데 직접 운전하는 게 귀찮다는 결정적인 단점이 있습니다. 또 대중교통은 내가 운전을 하지 않아도 되는 편안함이 있지만 사생활 보호도 안 되고 출발지까지 직접 가야 하는 불편함이 있죠.

그런데 무인자동차는 이 두 가지를 모두 충족시켜줍니다. 내 차처럼 가지 않아도 되고 개인적이기도 한데, 운전도 안 합니다. 결국 이동하는 게 지금보다 훨씬 더 편해지겠죠. 편하면 더 많이 하고 오래합니다. 지금은 5~6시간 이상 운전하기 힘듭니다. 기껏해야 10시간 정도가 최대치겠죠. 그런데 무인자동차로 여행하면 1주일씩 운전도 가능합니다. 어쩌면 차 안에서 사는 사람이 생길지도 모릅니다. 미국의 경우에는 동부에서 서부까지 차를 타고 다닐 수도 있습니다. 운전은 기계가 하고 사람은 안에서 놀고 자면 되니까요.

사용시간이 늘어나는 이유 중 또 하나는 운전을 못 하는 사람도 차량을 이용할 수 있게 됩니다. 나이든 사람, 장애인, 어린아이들도 다 차량을 이용할 수 있게 된다는 겁니다. 자동차의 수요가 늘어날 수도 있습니다. 이 시나리오에서 사회에는 디스토피아겠지만 자동차 산업에는 유토피아입니다. 자동차 숫자가 늘어나는 것은 산업의 입장에서는 수익이 늘어나는 형태니까요. 이렇게 자동차의 사용시간과 자동차 숫자가 늘어나는 것이 바로 카디스토피아입니다.

콘텐츠가 돈을 번다

 현재의 자동차 산업은 90퍼센트가 하드웨어고 10퍼센트가 소프트웨어입니다. 미래 자동차는 40퍼센트가 하드웨어고 40퍼센트가 소프트웨어, 20퍼센트가 콘텐츠로 구성될 것이라 생각합니다. 왜 콘텐츠일까요? **운전자들이 할 일이 없거든요. 엔터테인먼트가 필요하게 될 거예요.**

 미래 무인자동차 비즈니스가 세 가지로 나뉠 겁니다. 먼저 누군가는 차를 만들어야 합니다. 그런데 차를 만드는 회사들이 지금의 자동차 업체들이 아닐 수도 있습니다. 무인자동차가 되면 더 이상 내가 소유하는 물건이 아닙니다. 그렇기 때문에 좋은 차에 대한 욕구가 줄어들 거예요. 우리가 밤에 택시 잡을 때 '현대 자동차는 안 타', '노란 택시는 안 타'라며 택시를 잡지는 않죠. 브랜드를 고집하지 않게 될 겁니다. 그

Exhibit 58
The Future Structure of the Automotive Industry?

Automotive hardware providers

Type of companies
Auto OEMs and Suppliers

Function
Supply and assemble the hardware of the car as well as that needed for autonomous driving i.e. the powertrain, body shell, lighting, seats, sensors, radars, interfaces, etc.

Comments

become the HPs/Dells of the auto industry. Potentially the lowest margin business on average of the three segments as most products could be viewed as commodities

Content / Experience providers

Type of companies
Tech companies with expertise in content and experience providers

Function
Provide infotainment and functionality

These companies that would not only provide the OS but leverage it to either enhance passenger experience
Apple
with
the group

Automotive software providers

Type of companies
Operating System Providers - Certain OEMs & Suppliers, tech companies with autonomous OS product suite.

Function
Control and monitor every function of the car from the powertrain to the infotainment system, human machine interface and of course autonomous functionality

Comments
Companies in this category will become the Microsofts/Linux of the auto industry with primary focus on providing the OS for autonomous driving. Segment margins could potentially be better than the pure hardware providers on average but would lag the content/experience providers

렇다면 미래의 자동차는 벤츠나 BMW, 렉서스, 아우디 같은 고급차 업체보다 폭스콘 같은 그냥 대량생산 업체들이 살아남을 겁니다. 안전장치는 싹 빠진 가볍고 저렴한 자동차가 대량생산되겠죠. 지금보다 한 10분의 1 아니면 5분의 1로 가격이 떨어질 거예요. 500만 원, 1,000만 원이면 자동차를 한 대 살 수 있지 않을까요? 또 누군가 소프트웨어를 만들고 누군가는 콘텐츠를 만들겠죠.

그럼 돈은 누가 벌까요? 생산 마진을 살펴보면 콘텐츠는 40퍼센트, 소프트웨어는 20퍼센트, 하드웨어는 1퍼센트로 수익을 나눠 가질 것이라 예측합니다. 즉, 무인자동차의 비즈니스는 PC비즈니스와 똑같아질 거예요. 우리나라는 하드웨어에 몰려 있습니다.

작년 독일 프랑크푸르트 모터쇼에서 벤츠사 CEO 디터 체셰Dieter Zetsche는 이렇게 말했습니다. '벤츠는 절대로 애플의 폭스콘이 되지 않겠다.' 깜짝 놀랄 만한 발언이었습니다. 벤츠 회장이 벤츠가 애플의 폭스콘이 되지 않겠다고 말했다는 것은 벤츠가 애플의 폭스콘이 될 위험성이 있다는 말이나 다름없습니다. 더 이상 벤츠라는 프리미엄이 필요 없어지면 벤츠는 폭스콘같이 대량생산업체 혹은 하청업체가 될 수도 있

다는 거죠. **벤츠가 애플의 하청업체가 될 수도 있을까요?**

가능할 수도 있을 것 같습니다. 독일의 자동차 브랜드가 성공하는 이유 중 하나는 운전의 즐거움을 가장 먼저 이해한 점입니다. 독일 자동차 업계는 자동차를 단순하게 A에서 B로 편하게 갈 수 있는 수단일 뿐만 아니라 즐거움도 충족시키는 도구로 만들었습니다. 독일의 고급 자동차는 잘 달릴 뿐만 아니라 달리게 하는 것이 즐겁도록 만들었습니다. 운전자들을 위한 시스템이죠. 이건 다른 회사들이 모방하기 어려웠습니다. 직관적인 기술이거든요. 어디 책에 쓰여 있는 것이 아닌 수십 년의 경험으로 이뤄낸 기술입니다. 나중에 딥러닝이 할 수 있을지도 모르겠네요. 하지만 지금은 모방하기가 불가능합니다.

근데 운전자가 달라졌습니다. 여기에 핵심이 있습니다. 독일의 자동차 업계들은 운전자 중심기술이었는데 무인자동차가 등장하면 운전자가 사라집니다. 운전자가 없는데 운전의 즐거움이 무슨 소용이 있을까요? 독일의 기술들은 운전자가 사라지면 경쟁력이 없어져버립니다. 차에 타는 사람은 이제 모두 승객이에요. 그런데 독일의 기술은 승객 편의성이 좋지 않습니다. 승객 편의성은 일본차가 더 좋을 거예요. 좌석이

푹신푹신하고 공간이 넓죠. 독일 자동차 같은 경우 운전하는 사람을 위해 만들었지 뒷사람을 위해 만든 차가 아닙니다. 운전하는 사람이 사라지면 그 순간 독일차의 경쟁력이 급속도로 떨어집니다.

Passenger UX

 운전자가 사라지고 모든 사람이 승객이 되면 멀미 문제가 생길 것입니다. 무인자동차는 엄청난 멀미를 일으킬 것이라 예상합니다. 멀미는 예측코드에서 생긴다고 알려져 있습니다. 예측코드란 인간이 행동을 할 때 실시간으로 계산할 수 없기 때문에 뇌는 예측을 해서 행동을 명령합니다. 세상이 변하는 속도에 비해 뇌의 계산 속도가 못 미치기 때문이죠.

 예를 들어, 컵이 있을 때 로봇에게 '이거 들어'라고 명령하면 로봇은 손으로 잡은 후 들기 전에 무게를 측정합니다. 그 다음에 들어요. 그래서 로봇의 행동은 느립니다. 그런데 사람에게 '들어' 하면 그냥 들어요. 인간은 물건을 보면 얼마나 무거울지 경험을 통해 대략 알기 때문이죠. 따라서 예측에 의해 알아서 관절이 조절되어 바로 들 수 있습니다. 계단

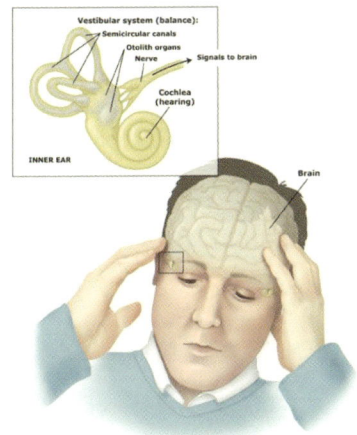

을 내려갈 때 로봇은 천천히 높이를 측정해가며 내려가는데 인간은 껑충껑충 내려갑니다. 경험에 의해 미리 관절이 조절됐기 때문이죠. 인간의 예측코드는 생긴 것보다 가벼운 것을 들 때 사람의 행동, 계단을 내려갈 때 갑자기 다른 높이의 계단이 나왔을 때 헛다리를 짚는 행동을 통해 엿볼 수 있습니다.

예측코드가 하는 일반적인 예측 중의 하나는 우리의 몸자세 예측이 있습니다. 귀의 달팽이관은 내 몸의 위치를 X, Y, Z로 항상 예측합니다. 따라서 운전자들은 멀미를 하지 않죠. 자기가 운전을 하기 때문에 어디로 움직일지 미리 알아요. 뒤에 있는 사람은 일반적으로 직진을 예측하는데 왼쪽으로 가니 일치하지 않고 뇌가 예측했던 몸의 위치와 실제로 경험하는 위치의 차이가 생겨 멀미를 일으킵니다.

자동차 업계들이 광고에서 보여주듯 무인자동차 안에서 컴퓨터로 문서 작업하고 코딩하다간 다 멀미를 겪을 것입니다. 토하고 난리가 날 거예요. 안에서 일하고 회의를 하는 이미지들은 현실성 없는 이야기입니다. 현재로서는 불가능할 거예요. 앞으로 무인자동차 산업은 세상을 이해하는 것뿐만 아니라 안에 타고 있는 사람을 이해하는 것이 중요할 것입니

인지자동화 산업의 등장

다. 자동차에서 운전자 UX_{User experience}(사용자경험)보다 승객 UX가 훨씬 중요해진다는 거죠.

무인자동차 시대의 자동차 산업은

 무인자동차 시대의 자동차 산업은 큰 변화를 겪을 것입니다. 완성차 업계들은 어려움을 겪을 거예요. IT 업계들이 자동차 산업에 침투하겠죠. 차의 브랜드 간 차이가 없어질 수도 있습니다. 아마 프리미엄 자동차 브랜드들인 부가티, 람보르기니, 페라리 등은 살아남을 거예요. 지금 우리가 돈을 내고 말을 타는 것처럼 서킷에서 돈을 내고 그런 차를 타겠죠. 레저로 남을 거예요. 무인자동차가 등장한 후 2, 30년 안에 유인자동차는 법적으로 금지될지도 모릅니다. 유인자동차와 무인자동차가 함께 다니면 되게 위험합니다. 기계는 규칙을 지키는데 사람은 규칙을 잘 안 지키거든요. 따라서 무인자동차의 수천 조의 이익을 얻으려면 사람이 다 빠져줘야 합니다.

카토피아로 가게 된다면 완성차 업체들은 기회가 거의 없습니다. 자동차 숫자도 줄어들 테고 IT 업계가 주도하게 될 것이고 이전에 구축해놓은 브랜드의 가치가 떨어질 거예요. 카디스토피아로 간다면 자동차 숫자가 늘겠지만 이 경우에도 브랜드 숫자는 늘 것 같지 않아요. 현재 존재하는 대부분의 자동차 브랜드는 사라질 것이라 예측할 수 있습니다. 자동차 부품 업계는 완성차 업계보다 전망이 훨씬 좋습니다. 지금의 자동차는 하루에 기껏해야 30분에서 1시간 다니고 대부분의 시간은 서 있습니다. 하지만 무인자동차는 24시간 굴러가요. 따라서 부품은 지금보다 훨씬 더 많이 닳겠죠. 그러니 부품 업체들의 전망은 그다지 나쁘지 않습니다.

이동수단을 유통하는 회사들은 어떨까요? 우버UBER나 리프트LYFT나 카카오택시 같은 기업들이죠. 인간에게는 선호도라는 것이 존재합니다. 그리고 우리는 당연히 우리의 선호도를 실행하고 싶고 각자의 선호도가 실행될 때 돈을 지불합니다. 구글과 같은 기업은 이 선호도를 분석해서 서비스 제공을 하고 싶어 하죠. 이때 문제는 현재 인터넷에 있는 데이터들은 대부분 정량화된 데이터이기 때문에 정량화된 데이터만 분석할 수 있고 나머지 90퍼센트는 분석하질 못한다는 겁니다. 딥러닝을 사용하거나 아마존 에코와 같은 시스템을 이용하면 비정량 데이터들을 분석할 수 있습니다. 그렇게 되면 내가 어떤 가방을 선호하는지, 어떤 옷을 좋아하는지를 입력하지 않아도 나의 선호도를 파악할 수 있습니다.

Mobility will be free!

 조금 더 엄밀히 말해봅시다. 우리가 돈을 지불하는 순간은 내 선호도가 파악되었을 때가 아니라 선호도가 만족되었을 때입니다. 다시 말해 선호된 콘텐츠가 실물로 주어져야 한다는 거죠. 콘텐츠는 지금도 디지털로 줄 수도 있어요. 온라인으로 피자를 주문하면 피자가 배달됩니다. 하지만 현재 디지털로 서비스되는 콘텐츠는 인간이 가지고 있는 선호도의 극히 일부에 불과합니다. 대부분은 선호도는 디지털로 제공되지 못해요. 예를 들어, 우리의 선호도는 가로수길에 가서 근사한 저녁을 먹는 것입니다. 먼 미래에 가상현실VR 기술이 극도로 발전하기 전까지는 가로수길이 나에게 올 수 없습니다. 내가 가로수길로 가야 하죠. 대부분의 선호도는 이런 것입니다. 디지털도 아니고 그게 나한테 올 수도 없는 형태죠.

그 선호도가 충족되려면 내가 거기로 직접 가야 해요.

무인자동차 시대에는 가로수길에서 저녁 먹고 싶다는 선호도가 비정량 데이터로 파악되면 유통업체들은 공짜로 가로수길에 데려다주는 서비스를 시작할거예요. 구글 같은 기업이 시작하겠죠. 택시비 3,000원을 구글이 대신 내줍니다. 편하게 식당에 가서 밥 먹고 5만 원을 지불하면 구글은 10퍼센트를 중개료로 식당에서 받습니다. 구글은 택시비보다 더 많은 비용을 중개료로 챙기고 식당은 더 많은 손님을 모으고 고객 입장에서는 편하게 이동할 수 있습니다. 윈윈win-win이죠. 구글은 데이터만 중간에서 중개해주고 수익을 냅니다. 이런 수익구조는 이미 상용화되고 있습니다. 처음 인터넷이 등장했을 때는 다 돈을 내고 썼습니다. 포털사이트를 이용하는 데 돈을 지불해야 했죠. 그런데 지금은 스폰서가 가능하기 때문에 모두 무료예요.

무인자동차의 끝은 운송수단 요금의 무료화입니다. 모빌리티mobility에 스폰서가 가능하다면, 지금 인터넷 사용을 스폰서와 데이터로 지불하는 것처럼 이동수단도 개인의 데이터와 스폰서를 통해 무료화될 수 있습니다. 근데 카카오택시나 우버 같은 기업은 돈을 받아야 해요. 중개할 만한 데이터

인지자동화 산업의 등장 265

가 없으니까요. 그런데 구글은 할 수 있습니다. 다른 사람한테 돈을 받을 만큼 데이터가 충분하니까요.

따라서 무인자동차 시대에 돈을 버는 기업은 프리미엄 자동차를 만드는 회사, 완성차를 만들 일부 기업들, 부품 생산 업체, 데이터 업계, 반도체 업계, 콘텐츠 업계 등입니다. 이런 일들이 언제쯤 벌어질까요? 무인자동차의 정의가 다 다르긴 하지만 대부분의 전문가들은 2025년 전후라고 말합니다. 10년 후예요. 여기서 2025년의 의미는 기술적으로 완성된 시점을 말합니다. 어느 한순간 거리에 보편화되지는 않겠죠. 무인·유인자동차가 함께 다니기도 할 테죠. 그렇다고 해도 20~30년 안에 될 것이라고 예측합니다.

특이점

  기술적으로 가능해진다면 정부가 주도하여 무인자동차를 더 상용화시킬 것입니다. 무인자동차의 엄청난 경제적 효과 때문이죠. 유인자동차를 금지시키는 법안 혹은 무인자동차만 생산해야 한다거나 혹은 새 차 등록은 무인자동차에 한한다는 법만 통과시키면 됩니다. 사람이 있음으로 낭비되는 비용을 굳이 지불할 필요가 없죠. 사고도 줄고 교통체증도 사라지고 도시도 녹지화될 수 있으니 인간은 운전을 금지시키자고 생각할 수도 있습니다. 말도 안 되는 상상 같지만, 150년 전까지 사람들은 말을 탈 줄 알았지만 지금 말을 타는 사람은 거의 없습니다. 아마 시간이 지나고 나면 운전을 했었다는 걸 이상하게 생각할 거예요. 사람이 거울 두 개 보면서 그 무겁고 위험한 철 덩어리를 타고 겨우 100킬로미터의 속도로 다녔다는 걸 신기하게 생각하겠죠. 우리 다음다음 세대는 믿지 않을 거예요. 500년 전만 해도 웬만한 남자들은 다 말을 타고, 뒤를 보면서 활도 쏘고 했습니다. 지금의 운전능력은 무의미할 것이고, 운전이라는 취미를 즐기는 사람만이 서킷에 찾아가 람보르기니, 마세라티와 같은 차를 즐기게 될 겁니다. 아마 디즈니가 제일 먼저 시작하지 않을까요? 디트로이트같이 망한 도시 하나를 거대한 서킷으로 만들 수도 있겠네요.

제가 이런 이야기를 하면 많은 사람들이 '저런 일이 벌어질까?'라고 반문합니다. 솔직히 저도 상상하기 어렵습니다. 10~20년 이후의 일을 어떻게 알 수 있을까요? 하지만 충분히 예상 가능한 시나리오입니다. 1900년 부활절 아침, 뉴욕 5번가의 사진 속 거의 모든 운송수단은 마차였습니다. 딱 한 대의 자동차가 있습니다. 수천 년 동안 말을 탔으니 아마 10년 후에도 마차가 주된 운송수단이고 자동차는 서너 대 늘 거라고 예상했을 거예요. 자동차는 가격도 비싸고 고장도 잘 나니까요. 하지만 신기하게도 13년 후 같은 날 같은 장소의 사진을 보면 모든 운송수단이 자동차입니다. 마차는 단 한 대도 없어요. 1908년 대량생산이 시작된 이후로 중산층이 차

Easter morning 1900: 5ᵗʰ Ave, New York City. Spot the automobile.

Source: US National Archives.

Easter morning 1913: 5ᵗʰ Ave, New York City. Spot the horse.

Source: George Grantham Bain Collection.

를 살 수 있었거든요.

기술이 발전하는 과정 중 늘 걱정해야 할 부분은, 기술은 어느 한순간 기하급수적으로 증가하는 시점이 있다는 것입니다. 이를 두고 특이점이라 부릅니다. 하지만 이 특이점은 나중에 알 수 있어요. 대체로 직선 형태로 성장하고 있다고 생각하기 쉽습니다. 특이점은 미래의 일이기 때문에 어디서 오는지 알 수 없죠. 우리는 과거로 미래를 예측하다 보니 현 상태에서는 선형으로 증가한다고 예상하는 것이 더 일반적입니다.

이 특이점을 조금 재미있게 생각해봅시다. 추수감사절에 미국 사람들은 칠면조 요리를 먹습니다. 추수감사절 하루 전날, 칠면조들은 무슨 생각을 했을까요? 지난 1년 동안 칠면조들은 행복했습니다. 농부가 아침 8시면 먹이를 줬어요. 아무리 똑똑한 칠면조라도 그 농부는 좋은 사람이라고 생각했을 거예요. 추수감사절 아침, 자신의 인생이 급격하게 바뀔 것이라고 예상하긴 어려워요. 1년 내내 똑같은 일이 반복됐기 때문이죠. 하지만 추수감사절 아침 칠면조의 인생은 급격한 변화를 겪습니다. 상상하지 못했던 일이 벌어지죠. 이것이 특이점입니다.

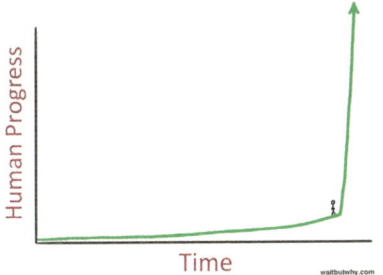
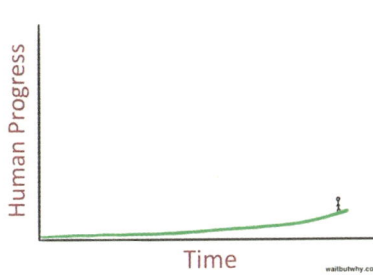

인공지능 기반의 기술이 분명 특이점을 만들 것인데, 이 시점이 언제인지는 아무도 모릅니다. 확실한 것은 200년 후가 아니라 10~30년 남짓 남았다는 거죠. 하지만 우리는 여전히 일상을 즐기던 칠면조들처럼 '지금까지 일어나지 않았으니 앞으로도 일어나지 않을 일'이라고 착각하며 살고 있지는 않나요?

11장

인간 vs 기계

10년 후, 약한 인공지능

 앞으로의 인공지능은 두 가지가 있습니다. 하나는 약한 인공지능, 나머지 하나는 차차 말씀드릴 강한 인공지능입니다. 세상을 알아보고 알아듣고, 이야기하고, 글을 읽고 쓰고, 정보를 조합하고, 이해하는 것을 사람하고 비슷한 수준으로 수행하는 인공지능을 약한 인공지능이라고 생각하시면 됩니다. 이 약한 인공지능의 능력에 플러스알파로 독립성이 있고, 자아가 있고, 정신이 있고, 자유의지가 있는 기계를 강한 인공지능이라고 합니다. 할리우드 영화에 나오는 인공지능, 터미네이터 같은 것은 다 강한 인공지능이죠.

 터미네이터가 인류를 멸망시키려 하는 것은 스스로의 자유의지입니다. 현재로서는 강한 인공지능이 가능한지 아무도 모릅니다. 가능하다는 증거도 없고 불가능하다는 증거도

Artificial Intelligence
Terminator - Rise of The Machines

없습니다. 대부분 철학자들은 '영원히 불가능하다'라고 말합니다. 왜냐하면 자유의지는 인간만 가질 수 있는 것이기 때문이고 정신이라는 것도 인간만 가질 수 있는 것이기 때문이죠. 기계는 아무리 발달해도 가질 수 없다고 주장합니다. 그랬으면 좋겠습니다. 하지만 아직까지 설득력 있는 증명은 본 적이 없습니다. 영영 실현되지 않기를 바라는 희망사항 같은 것이죠.

약한 인공지능은 불과 몇 년 전까지만 해도 수백 년이 걸릴 것으로 예상했어요. 하지만 이 정도 속도로 가면 100년, 200년이 아니고 20~30년 후에는 가능하지 않을까 생각하게 됐습니다. 이제 덜컥 걱정이 됩니다. 무슨 걱정일까요?

OECD 국가들의 사람들이 무엇을 하며 돈을 버는지 살펴보면 뻔합니다. 농업은 거의 기계화되었고, 제조업은 줄어드는 추세고, 공무원 숫자는 각 나라마다 비슷하죠. 대부분의 사람들은 서비스업에 종사하고 있습니다. 서비스는 사실 이겁니다. 정보를 알아보고, 보고서 쓰고, 강연하고, 강연을 듣는 일.

근데 문제는 여기에서 생깁니다. 기계의 성질 중 답을 모를 땐 아무것도 모르다가 답만 알고 알고리즘이 있으면 더 잘하는 것은 그다지 큰 문제가 아닙니다. 불도저가 나오는 순간 인간은 아무리 삽질을 해도 인간의 삽질은 불도저를 이기지 못합니다. 마찬가지로 약한 인공지능 좀 더 엄밀히 말하자면 인지자동화이지만, 기계가 정보를 사람 수준으로 처리할 수 있는 순간 사람 수준으로만 하는 게 아니라 사람보다 훨씬 더 잘하게 됩니다.

인간 vs 기계

 그럼 사람은 무엇을 해야 할까요? 인간이 할 일이 없지는 않습니다. 우리는 할 일이 많아요. 여행을 다녀도 되고, 친구들이랑 술을 마셔도 되고 소설을 쓸 수도 있습니다. 하지만 대한민국 국민의 반이 소설가로 먹고살 수 있을 것 같지는 않다는 말입니다. 시간이 많고 돈이 없는 사람들을 보통 노숙자라고 이야기하지요. 우리는 후손들이 노숙자가 되길 바라지 않습니다. 무언가 생산적인 일을 하고 의미 있는 일을 하면서 살기를 바라겠지요. 하지만 대부분을 기계가 더 잘하게 됩니다.

 이를 예측하는 다양한 논문들이 있습니다. 2013년 옥스퍼드대학의 경제학과에서 낸 논문을 살펴보면 기계가 사람하고 비슷한 수준으로 정보를 처리한다고 했을때 노동시장에서 어떤 일이 벌어지는지에 대해 시뮬레이션을 해봤습니다. 놀랍게도 미국에서는 '일자리'가 아니라 '직업'의 47퍼센트가 사라질 거라고 예측했습니다. 이 논문을 처음 읽었을 때는 그다지 믿어지지가 않았는데 현재 준비 중인 인공지능 시스템들을 생각하면 걱정을 하지 않을 수 없습니다.

그렇다면 어떤 직업들이 가장 위험할까요? 우선 콜센터 직원들입니다. 많은 기업들은 애프터서비스를 해줍니다. AS를 해주려면 콜센터에 접수를 하죠. 콜센터에서 전화 받는 직원이 필요한데 인건비를 감당할 수가 없으니 미국의 많은 기업들이 인도나 필리핀으로 지사를 내죠. 대기업의 콜센터들을 합치면 수십만 명이 근무하는 것으로 알려져 있습니다. 하지만 기계가 동시에 수백만 명과 영어로 대화할 수 있다면 수십만 개의 일자리는 하루아침에 없어집니다. 인간은 항상 현재만 생각하기 때문에 미래에도 현재하고 좀 비슷하지 않을까 하고 착각을 하는 경향이 있습니다. 만약 콜센터에 30만 명이 일하고 있다고 생각했을 때 내년에 아무리 경기가

나쁘더라도 28만 명 혹은 20만 명 정도로 예측하겠지요. 하지만 30만 명에서 한순간에 0명이 될 수도 있습니다.

두 번째는 특허 분야입니다. 내가 준비 중인 특허와 비슷한 특허를 찾아주는 시스템은 이미 존재합니다. 변리사나 변호사의 역할은 비슷한 특허를 찾아서 내가 가진 기술을 새롭게 쓰는 것입니다. 그런데 이제 기계가 언어를 이해합니다. 그래서 바로 존재하는 특허들을 수학적으로 가장 잘 피해갈 수 있는 새로운 재특허를 써주는 거죠.

세 번째는 헬스케어 분야입니다. 이 세상 최고의 암 전문가도 이미 나와 있는 모든 정보를 알 수가 없습니다. 너무 많은 정보가 존재하기 때문이지요. 하지만 기계에게 정보량은 문제가 되지 않습니다. 수많은 논문들을 기반으로 미래 인공지능 기계들은 인간이 찾지 못한 치료방법들을 찾아줄 수 있습니다.

우리가 보통 이야기하는 화이트칼라족, 데이터를 가지고 일을 하는 직업들이 위기를 맞게 될 것입니다. 교수도 마찬가지죠. 물론 안전한 직업도 몇 개 있습니다. 종교인, 심리치료사, 판사, 국회위원 등. 국회의원의 일은 자동화할 수 없어서가 아니라 그 법은 절대로 통과시키지 않을 거라서 그렇답니다. 판사의 역할도 대부분 자동화할 수 있지만 사회에서 허락을 하지 않겠죠. 옳고 그름을 단순하게 판단할 수 있는 경우, 예를 들어 교통위반 같은 법률은 현금인출기ATM 옆에 판사 ATM이 서 있게 되지 않을까요? 기계 앞에 서서 '왜 이렇게 했냐?'라는 질문에 '이래저래 해서 이렇게 했다'라고 말하면 기계가 알아듣고 '벌금 20만 원'이라고 판결을 내리면 카드로 벌금을 내는 시스템이 될 수도 있다는 거죠.

비행기도 거의 90퍼센트가 기계가 조종을 합니다. 지금도 착륙할 때와 이륙할 때만 사람이 조종을 합니다. 우리가 비행기를 탈 때 조종사 없이 운행할 거라고 한다면 아무도 비행기를 타지 않으려 할 거예요. 이런 이유 때문에 비행기 조종사가 있는 것처럼, 필요 없지만 판사와 비행기 조종사가 계속 존재하는 이유는 마지막 결정은 인간만이 할 수 있다는 믿음으로 유지될 것입니다.

크게 보면 세 가지 카테고리가 사라지지 않을 것이라고 말합니다. 첫째, 사회의 중요한 판단을 하는 직업들인 판사, CEO 등은 자동화할 수 없어서가 아니라 사회에서 절대 허락하지 않기 때문이겠죠. 둘째, 인간의 심리, 감성하고 연결된 직업들은 살아남을 겁니다. 약한 인공지능은 인간을 이해하지 못할 거라고 상상하기 때문이죠. 셋째, 가장 큰 카테고리는 새로운 가치를 창출하는 직업입니다. 약한 인공지능은 분명히 딥러닝을 기반으로 만든 인공지능입니다. 딥러닝의 기반은 데이터죠. 데이터가 많이 있으면 그걸 통해서 학습을 해서 비슷한 걸 할 수 있다는 논리입니다. 비슷한 걸 할 수 있게 되면 기계가 더 잘할 수 있다는 이야기는, 인간이 살아남을 수 있는 유일한 방법은 데이터가 없는, 존재하지 않는 새로운 데이터를 만들어내는 방법밖에 없다는 거죠.

예를 들어서 방송작가는 창작을 하니 안전하다고 생각할 수 있습니다. 그런데 정말로 그럴까요? 20~30년 후 약한 인공지능이 등장했을 때도 지금 드라마가 뻔하다면 어떨까요? 재벌 3세 이야기가 나오고 출생의 비밀이 나오고 주인공은 또 암으로 죽습니다. 그런 드라마는 수백 편 있었던 것 같거든요. 이런 뻔한 드라마는 딥러닝 기계가 1분에 1,000편은 쓸 수가 있을 겁니다. 다시 말하자면 새로운 스토리, 한 번도 없었던 스토리를 쓰는 방송작가가 살아남겠죠.

어찌 되었든 앞으로 20~30년 후에는 벌어질 수도 있는 일입니다. 우리가 어떤 준비를 해야 하는지는 분명히 걱정을 해야 할 부분입니다.

12장

인류는
또 이겨낼 수 있을까

1, 2차 산업혁명

실리콘밸리의 연구자들은 '무슨 걱정을 그렇게 많이 하나? 250년 전 1, 2차 산업혁명 때에도 무수히 많은 직업들이 사라졌고 인간들이 공장 기계들을 부수고 난리를 피우기도 했다. 하지만 결국은 해피엔딩으로 끝나지 않았나? 사라지는 직업보다 더 많은 직업들만 생기면 된다'라고 말합니다. 더 좋은 직업들, 당연히 많겠지요. 근데 두 가지 크게 착각하는 점이 있습니다.

첫째로 1, 2차 산업혁명 때 생긴 기계들과 그리고 앞으로 있을 산업혁명 때 나올 기계들은 본질적으로 차이가 있습니다. 1, 2차 산업혁명 때 인류가 만든 기계들은 수동적인 기계입니다. 기관차도 한 번 만들고 나면 쓰다가 녹슬어서 버리는 것처럼, 이 기계를 업그레이드하는 일은 인간이 했습니

다. 인간은 더 좋은 기계를 만들고 더 좋은 서비스를 하죠. 더 강도 높은 육체 노동을 하는 것이 아니라 인간을 대신해서 육체노동을 해주는 더 좋은 세탁기를 만드는 일을 하면 됐습니다. 인지적인 일이었기에 여전히 인간이 수작업으로 하는 일을 하면 됐던 거죠. 하지만 앞으로의 산업혁명은 인공지능 위주다 보니 어쩌면 기계가 스스로 업그레이드하게 될 수도 있습니다. 인공지능은 그냥 세탁기만 만들지 않고, 더 나은 세탁기를 설계하겠지요.

인류의 미래를 걱정하는 많은 책 중에 『인공지능, 인류 최후의 발명품Our Final Invention』이라는 책이 있습니다. 인공지능이 인간의 마지막 발명품이라는 거죠. 왜일까요? 인공지능 이후 모든 발명은 기계의 몫으로 돌아갈 것입니다. 충분히 가능한 시나리오예요.

두 번째로 실리콘밸리 사람들이 간과하는 점은, 과거의 산업혁명이 해피엔딩으로 끝날 수 있었던 것은 인류가 19세기에 엄청난 노력을 했기 때문에 결국에 가능했다는 점입니다. 인류는 세 가지 혁신적인 노력을 했습니다. 첫째로는 프랑스에서 공교육이란 것을 시작했습니다. 왜 공교육을 도입했을까요? 국영수라는 학습과정을 만든 거잖아요. 왜 국영수

ARTIFICIAL INTELLIGENCE
AND THE END
OF THE HUMAN ERA

OUR FINAL INVENTION

JAMES BARRAT

를 만들었을까요? 1차 산업혁명 때 대부분의 유럽 사람들은 글을 못 읽었습니다. 대부분 농부였죠. 글을 못 읽는 농부의 자녀들을 데려다가 공장에서 일을 시키려니 적어도 글을 읽고 계산을 할 수 있어야 된다는 거죠. 이 당시에는 정말로 킬러 애플리케이션killer application이었습니다. 모든 국민에게 교육을 시킨다는 것은 어마어마하게 혁신적인 아이디어입니다. 글을 가르쳐주고, 계산하는 법을 가르쳐줬습니다. 그 덕분에 우리가 어쩌면 살아남은 거죠. 우리는 인지적인 활동을 할 수 있게 됐습니다. 둘째로 독일에서 사회보장제도를 만들었습니다. 보험제도지요. 셋째로 영국에서 세금제도가 생겼습니다. 이전에는 나라의 모든 수입이 농업을 통한 것이었는데, 농업이 점점 사라지니까 기계에 대한 누진세 등을 만들어 산업활동을 하는 과정에서 국가가 돈을 벌 수 있는 제도를 만들었죠.

이 세 가지 제도로 19세기 1, 2차 산업혁명은 잘 극복할 수 있었습니다. 하지만 앞으로 닥칠 산업혁명은 지금도 벌어지고 있고, 향후 20~30년 후에도 벌어질 일이지만 인류는 아직 아무 준비를 하고 있지 않다는 것이 핵심적인 문제가 아닐까요?

부의 분배

지금까지 이야기한 '어떻게 교육을 할까', '어떤 식으로 살까'와 같은 것들은 어떻게 보면 개개인이 선택해야 할 문제입니다. 지금까지 우리는 물질적인 생산은 다 자동화했는데 인지적인 것은 다 수작업으로 하고 있었습니다. 코딩, 디자인, 보고서를 쓰는 일들 말이죠. 다시 말해서, 약한 인공지능이 가지고 올 인지자동화로 상상을 초월하는 변화가 일어날 겁니다. 인지자동화의 가장 큰 문제는 사회 전체의 효율성은 늘어나겠지만 재분배 문제가 생긴다는 겁니다. 인지자동화가 실현된다면 대부분의 사람들은 실업자가 될지도 모릅니다. 일을 가진 사람은 몇 퍼센트에 불과하겠죠. 그리고 그 몇 퍼센트의 생산성은 수천 배로 폭등할 것입니다. 그 늘어난 생산성은 누구의 차지일까요? 이 수익을 인공지능 기계를 가진 사람이 다 가져간다면 상상을 초월하는 불평등 시대가 되겠죠.

1:99퍼센트가 아니고 0.00001:99.99999퍼센트로 부가 나뉘겠죠. 대다수의 사람은 소비를 할 수 있는 능력조차 없다 보니 시장경제가 유지될 수 없을 것이라 생각합니다. 많은 경제학자들도 동의하는 부분이죠. 그렇다면 이것을 어떻게 해결할지 고민해야 합니다.

인공지능 시대의 미래를 예측하기 위해서 우리는 과거를 뒤돌아볼 필요가 있습니다. 전에도 그런 적이 있었으니까요.

로마의 멸망

 2,000년 전 로마시대에서 지금하고 비슷한 경험을 한 번 했었습니다. 로마는 처음에 공화정으로 시작했습니다. 그 당시에는 중산층이 있었습니다. 군인들은 다 중산층이었죠. 중산층들은 전쟁에 참가했습니다. 하지만 로마의 산업은 농업이었습니다. 중산층 역시도 본래 직업은 농부죠. 그러다 보니 로마군대는 항상 봄에 출정해서 가을까지 돌아와야 했습니다. 봄에 씨를 뿌리고, 가을에는 수확을 해야 했기 때문이죠. 여기서 역사의 아이러니가 생겼습니다.

 가까운 이탈리아에서 전쟁할 때에는 큰 문제가 없었습니다. 6개월 후에 돌아올 수 있을 만큼 가까우니까요. 그런데 전쟁에서 계속 승리를 합니다. 세력을 확장해야 했죠. 그래서 영국과 중동까지 전쟁의 범위를 넓힙니다. 그 당시 이동수단으로는 6개월 안에 영국에서 로마까지 돌아올 수가 없었어요. 전쟁을 치르고 돌아오면 5, 6년이 걸렸습니다. 따라서 대부분 중산층 남자들이 일을 못 하게 됐습니다. 5, 6년 동안 수입을 거둘 수 없었죠. 당시의 사회구조상 여자들만으로는 가정을 유지할 수 없었습니다. 그러다 보니 빚을 지기 시작했고 빚이 늘어나 땅을 팔아 삶을 유지했습니다. 이 땅을 누구한테 팔았을까요? 세넥스에게 팔았습니다. 세넥스는 전쟁에 참가하지 않는 나이의 돈 많은 노인들입니다. 세넥스가 땅을 사고 중산층은 계속 집도 팔고, 땅도 팔고, 동물도 팔다가 더 이상 팔 게 없으면 몸종이 됩니다. 5, 6년 만에 남자들이 돌아와 보니 땅도 없고, 집도 없고, 동물도 없고, 아내와 딸들은 몸종이 돼 있었습니다.

그리고 또 하나, 전쟁에서 계속 승리하다 보니 수백만 명의 노예가 생겼습니다. 노예들이 앞으로의 인공지능 기계와 같은 역할을 했습니다. 의식주도 해결해주고 어렵고 힘든 일은 노예가 다 했죠. 로마제국을 상상할 때 세계도 정복하고, 노예가 수백만 명이나 되니 돈도 많고 편하게 잘살았겠다고 생각하기 쉽지만 절대 그렇지 않죠. 부는 적절히 분배되어야 모두가 잘살 수 있습니다. 노예들을 통해서 얻어낸 새로운

생산성과 부는 로마의 극히 일부 사람들에게만 주어졌습니다. 세넥스들이죠. 몇천 명 정도였던 것으로 추정합니다. 중산층은 다 사라지고, 개인이 집 한 채씩은 가지고 있었던 예전의 로마에서 블록 전체가 한 사람의 소유가 됐습니다. 나머지 사람들은 노예처럼 몸종처럼 이도 저도 아닌 삶을 살게 됐죠.

사실 로마 시민의 반 이상이 실질적 실업자였습니다. 사람들이 할 일이 없는 거예요. 험한 일은 노예들의 몫이고, 그렇다고 이전의 중산층들은 출세를 할 수도 없는 아주 위태로운 상황을 맞았습니다. 국민의 대부분이 먹고살 직업이 없고, 시간이 많으면 폭동 혹은 혁명이 일어나도 이상하지 않을 분위기가 조성되죠. 이때 사회적 혁신을 단행했습니다. 어느 한순간부터 로마 시민들을 국가가 먹여 살리기 시작했습니다. 기본소득을 시행했죠. 로마는 1년에 한 사람당 돼지고기 몇 킬로그램, 와인과 올리브유 몇 리터, 밀가루 몇 포대 등 굶어 죽지 않을 만큼 기본적인 것들을 나눠줬습니다. 국가가 모든 사람을 먹여 살렸죠.

어차피 로마 사람들은 생산적으로 할 일이 없었습니다. 노예들이 다 했으니까요. 국가가 삶을 보장해주니 잘살진 못하지만 굶어 죽지도 않았습니다. 그런데 또 문제가 있습니다. 시간이 많았죠. 그래서 로마는 엔터테인먼트를 제공했습니다. 로마의 대부분의 유적은 엔터테인먼트 기반의 건축물입니다. 대표적인 것이 콜로세움이죠. 목욕탕도 있습니다. 다 무료였습니다. 콜로세움에서는 하루에 16시간 동안 잔인한 경기를 보여줍니다. 즉, 대부분의 중산층들이 스스로 생산적인 일을 해서 살아남을 수 없는 세상이고, 그렇게 두면 폭동이 일어나니 먹고살게 해주었으며, 대부분의 시간을 다른 생각을 하지 못하게 엔터테인먼트를 제공했습니다.

결국 최악의 미래 시나리오는 인공지능 기술을 가진 기업들이 기본소득을 제공해 국민을 먹여 살리고, 24시간 케이블 TV가 자극적인 콘텐츠를 제공해 시선을 다른 곳으로 돌리는 겁니다. 엔터테인먼트 역할은 정말로 블루오션입니다. 완전히 새로운 형태의 엔터테인먼트가 생길 수도 있습니다.

어쩌면 사람들의 일자리가 모자라면 가짜 직업을 만들지도 모릅니다. 사람이 하지 않아도 되지만 사람에게 시키는 거죠. 그렇게 되면 가짜 일자리는 생산하는 일이 아니다 보니 월급은 나라에서 지급해야 합니다. 지속적으로 비용을 지불해야 하죠. 하지만 이런 형태가 지속되면 재정에 문제가 생깁니다. 직업이 사라질 때마다 가짜 직업을 만들어서 국가가 비용을 지불하다 보면, 어느 한순간 모두를 먹여 살려야 됩니다. 결론적으로 아무런 해답이 없습니다.

이를 두고 많은 사람들이 심각하게 생각하고 해결책을 모색해나가고 있습니다. 특히 경제학자들이 연구에 참여하기 시작했어요. 여러 가지 다양한 해결책들을 제안하겠죠. 예를 들어 직업과 소득을 분리하자는 의견입니다. 왜 우리는 일을 할까요? 대부분 돈을 벌기 위해서겠지요. 하지만 모든 사람이 돈을 벌 수 있는 일자리들이 더 이상 존재하지 않는다면 소득은 일을 통해서 얻지 않고, 일은 소득을 위해서 하지 않아야 한다는 생각입니다.

이게 무슨 이야기일까요? 예를 들어 국민소득, 네거티브 세금, 투자 모기지, 대리 노동을 하는 로봇 아바타 등을 통해 기본소득을 보장할 수 있습니다. 하지만 자아실현을 위해 생

인류는 또 이겨낼 수 있을까 303

산적인 일도 꼭 필요합니다. 아니면 우리는 또 한 번 로마 역사를 반복할 테니 말입니다. 기본소득이 보장되더라도 사회적 생산에 도움되는 다양한 일을 해야 한다는 말입니다. 그렇다면 나라 살림은 어떻게 유지될까요? 1차 산업혁명 때 도입된 부가가치세Value Added Tax, VAT처럼 '부가지능세Intelligence Added Tax, IAT' 같은 새로운 개념을 생각해볼 수 있습니다.

# 13장

강한 인공지능

AI Dystopia

　인공지능의 미래에 대한 디스토피아적 이야기가 범람하고 있습니다. SF 같은 이야기죠. 게다가 빠르게 온다고 해도 20~30년 후의 일입니다. 어떤 사람들은 영원히 오지 않을 거라고 이야기하기도 하죠. 아마 올 것 같습니다. 약한 인공지능은 이미 많이 진전됐거든요.

　현재 40대인 사람들은 인류의 역사상 가장 행복한 사람들입니다. 인류 역사 1만 년의 혜택을 다 받고 살다가 기계에게 밀려나기 직전에 은퇴를 맞습니다. 완벽한 타이밍이죠. 2, 30대는 혼란의 시대를 경험하겠지만 현실적으로 아마 살아남을 수 있을 것 같습니다. 지금 획득한 기술은 20~30년 사이에 바로 바뀌지는 않을 거거든요. IT, 컴퓨터를 몰라도 우리네 아버지 세대들이 한동안 살아남을 수 있었던 것처럼 살아남을 수 있을 것입니다. 진짜 걱정해야 될 세대는 10대입니다. 10대들은 기계가 못하는 것을 할 수 있도록 준비해야 합니다. 그런데 문제는 기계가 무엇을 못하는지 잘 몰라요. 하나 알 수 있는 것은, 언제든지 상황을 냉철하게 분석하고 세상을 정확하게 파악해서 무엇이 필요하다고 최대한 빨리 결론을 내서 거기에 빠르게 적응할 수 있는 능력을 키워야 한다는 것입니다. 즉, 세상을 항상 현실적으로 냉철하게 분석할 수 있는 능력과 자신의 능력을 분석할 수 있는 솔직함, 결론이 났을 때 실천할 수 있는 노력정신 말입니다.

누구나 다 할 수 있는 이야기일 수도 있지만 결국 창의성이라고 이야기할 수 있습니다. 하지만 핵심은 이것입니다. 지금도 늘 창의적으로 살아야 한다고 이야기를 하면서도 사실 창의적으로 살지 않아도 큰 문제 없습니다. 대기업에 있으면서 창의성을 보여주기란 사실 어려운 일이죠. 현재의 삶에서 창의적인 인생이란 선택할 수 있는 옵션입니다.

하지만 미래에는 약한 인공지능, 인지자동화가 실천되는 순간 창의성이 선택이 아니라 필수가 되어버립니다. 창의적이지 않으면 살아남을 수 없어요. 여기서 창의적이란 새로운 가치, 즉 존재하지 않는 데이터를 만들어낼 수 있는 능력, 혹은 처한 상황과 세상을 냉철하게 분석할 수 있는 능력, 또는 분석해서 얻어낸 결론을 내가 실천할 수 있는 도전정신과 같은 것이죠.

약한 인공지능은 아마도 30년 안에 실현될 듯합니다. 약한 인공지능은 다양한 문제를 가져올 겁니다. 대부분의 문제는 일자리, 사회불평등이죠. 근데 사회불평등이 극단적으로 치닫는다면 로마의 역사처럼 중산층이 사라지고 시장경제와 민주주의가 사라질 수도 있습니다. 하지만 아마 조심하면 예방할 수 있을 거예요. 동시에 인공지능, 즉 인지자동화가 가져올 혜택은 어마어마하게 큽니다. 암을 치료할 수 있을 테고, 무한한 에너지를 만들 수 있을 겁니다. 창조와 혁신에 필수인 건설적 불평등을 유지하면서 파괴적 사회불평등을 최소화하는 '내시균형Nash equilibrium' 수준의 재분배만 디자인한다면 인공지능의 미래에 대한 희망적인 시나리오 역시 충분히 그릴 수 있습니다.

튜링테스트

그럼 이제부터 강한 인공지능에 대해 이야기할까 합니다. 물론 강한 인공지능은 여전히 SF입니다. 다시 말해 앞으로 제가 소개할 내용들은 지극히 개인적인 상상일 뿐입니다.

강한 인공지능에 대해 이야기하기 전, '튜링테스트'를 분석할까 합니다. 어쩌면 튜링테스트는 인간이 만든 테스트 중 가장 위험한 테스트일지도 모릅니다. 잘 알려진 대로 튜링테스트에선 기계가 지능이 있는지 없는지 구별하기 위해 기계와 사람을 각각 방에다가 놓고 제3자가 질문을 합니다. 아무리 질문을 해봐도 누가 기계고 누가 사람인지를 구별을 못하면 기계가 지능을 가지고 있다고 인정을 해주는 인공지능 테스트죠.

지능이라는 것, 혹은 자체 또는 자아, 정신은 완전히 내면적인 현상입니다. 각자 스스로는 자아가 있는 것을 알고 있지만 다른 사람이 정신이 있는지는 알 수가 없습니다. 옆에 있는 사람이 다 좀비일 수도 있고 잘 만들어진 로봇일 수도 있어요. 우리는 서로 상대방의 머릿속에 들어가 볼 수 없기 때문에 상대방의 뇌에서 무슨 일이 벌어지는지를 알 수가 없죠. 뇌를 아무리 관찰하고 MRI를 찍어도 보이는 것은 신경세포고 그 신경세포의 반응뿐입니다. 동물들에게서도 관찰할 수 있어요. 그런데 인간은 플러스알파로 정신이라는 것이 존재하고 의식이라는 것이 존재합니다. 자아의 존재는 우리가 우리끼리 믿어주는 거죠.

어떻게 믿을 수 있을까요? 우리 각자는 분명히 정신이 있다는 것을 느끼고, 인간은 서로 비슷하게 생겼고, 각자가 정신이 있다고 꾸준히 말하기 때문에 믿을 수 있습니다. 당연한 듯 보이지만 그다지 당연한 이야기는 아닙니다. 15, 16세기 스페인이나 포르투갈 사람들이 남미를 정복하고 잉카인들을 학살하면서 이런 보고서를 썼습니다. '잉카인들은 칼로 찌르면 피는 나오고 소리는 지르지만 아픔을 못 느낀다' 또 19세기에 버지니아에 있는 농장주들은 흑인은 아무리 채

찍으로 때려도 백인 같은 아픔을 못 느낀다고 생각했습니다. 정신이 있다는 것은 서로가 서로를 믿어주지 않으면 존재하지 않을 수도 있어요.

산낙지를 끓는 물에 집어넣을 때 산낙지가 뭘 느끼는지 우리는 모르거든요. 알려고 하지도 않아요. 하지만 신경세포 구조만 봤을 때 문어, 낙지는 똑똑한 짐승이라고 알려져 있습니다. 아마도 끓는 물에 들어갈 때 상당히 괴로울 겁니다. 그런데 여기서 생기는 질문이 있어요. 반응은 다 측정할 수 있습니다. 하지만 반응하고 느끼는 건 다르겠지요. 따라서 우리는 기계적인 반응이라 여기고, 펄펄 끓는 물에 들어갈 때 아픔을 느낄까 하는 질문은 가능하면 하지 않으면 됩니다. 먹고 맛있으면 되니까요.

튜링이 걱정했었던 점은 이것입니다. 기계에게 특별한 지능이 있어도 인간은 믿어주지 않을 거란 거죠. 다르게 생겼으니까. 아무리 기계에게 인공지능이 생겨서 '나는 생각한다. 고로 나는 존재한다'라고 말해도 '네 조상이 전자레인지인데 무슨 지능이 있을까'라며 무시할 거예요. 그건 새로운 인종차별이라 볼 수도 있습니다. 확인할 수도 없고 검증할 수도 없지만 인간은 서로 믿어주는 것처럼, 아무리 질문을 해도 인간과 기계를 구별할 수 없다면 기계도 지능과 자아를 가지고 있다고 믿어줘야 한다는 거죠. 그렇지 않으면 그건 차별이라는 겁니다. 그냥 기계이기 때문에 지능이 없다. 이렇게 우리가 인공지능을 만든다는 건 사실 튜링테스트를 통과하기 위해서 기계는 사람을 속일 수 있는 방법을 배워야 한다는 거예요.

2억 3,998×3조 7,850억=? 사람은 모르지만 기계는 압니다. 하지만 기계는 인간에게 자아라고 인정받기 위해서는 알아도 모른 척을 해야 돼요. 인공지능 개발의 목표 중 하나는 인간을 속이는 기계를 만드는 거예요. 상당히 위험한 방법이라고 생각합니다. 최고 지능의 핵심은 사람을 속이는 것이다? 끝이 별로 좋지 않을 거라 생각해요.

지구에서 가장 뛰어난 지능

　영화 〈엑스 마키나EX Machina〉에 이런 내용이 있습니다. 인간은 분명히 기계라는 걸 알고 있지만, 인공지능은 인간이 기계를 사랑하고 기계를 위해 기계가 원하는 행동을 취하게 합니다. 그러니까 새로운 튜링테스트를 제시한 거죠. 오리지널 튜링테스트에서는, 누가 기계고 누가 인간인지 모르는 상태에서 구별을 못 하면 지능이라고 봐야 합니다. 그런데 〈엑스 마키나〉의 튜링테스트의 경우에는 기계라는 사실을 아는 상태에서 기계가 사람을 속일 만큼의 지능을 가지게 된다는 이야기를 하죠. 한 단계 더 나아갔습니다. 인간을 자신이 원하는 쪽으로 제어할 수 있는 능력을 가지는 것이 지능이라면 상당히 위험한 문제입니다.

◆

 앞에서 말씀드린 대로 강한 인공지능은 현재로선 SF입니다. 가능하다는 증거도 없고 불가능하단 증거도 없습니다. 약한 인공지능이 가능해지기 시작한 이유는 뇌과학의 발달로 물체인식, 음성인식, 기억 등의 과정을 이해하고 알고리즘으로 구현되어 기계에 심어줬기 때문이죠. 다시 말하자면 약한 인공지능이 가능해지기 시작한 것은 약한 인공지능에 필요한 뇌의 기능들을 이해했기 때문입니다. 이런 맥락으로 강한 인공지능이 여전히 불가능한 이유는 강한 인공지능에 필요한 뇌과학적 요소들, 정신·감정·창의성·자아에 대해 뇌과학적으로 이해를 못 했기 때문입니다. 결국 우리가 이해하지 못해서 불가능하다고 믿는 거예요.

 저도 불가능했으면 좋겠지만 이해 못 했기 때문에 불가능하다는 것은 논리적이지 않습니다. 이해를 못 했기 때문에 아직 못 만든다고 말해야죠. '아직 못 만든다'와 '영원히 못 만든다'는 완전히 다른 이야기잖아요. 강한 인공지능이 지금 당장 가능하다는 증거도 완전히 불가능하다는 증거도 어디에도 없어요. 우리 뇌에 대해 자아와 정신을 과학적으로 이해할 수 있을 것이란 증거도 없지만 영원히 이해 못 한다는 증거도 없습니다.

게다가 이 약한 인공지능은 학습기능을 기반으로 합니다. 딥러닝 같은 학습이죠. 따라서 약한 인공지능이 생기면 우리가 원하지 않아도 스스로 강한 인공지능으로 진화할 가능성은 얼마든지 있습니다.

강한 인공지능을 이야기할 때 이 두 사람을 이야기하지 않을 수 없습니다. 스티븐 호킹Stephen Hawking과 엘론 머스크. 스티븐 호킹은 인공지능이 생기면 인류가 멸망한다고 이야기했고, 엘론 머스크는 핵폭탄보다 더 위험하다고 이야기했습니다. 이 사람들이 말하는 인공지능은 강한 인공지능입니다.

왜 이 사람들은 강한 인공지능이 생기면 인류가 멸망한다고 이야기를 할까요? 영국 옥스퍼드대학의 닉 보스트롬Nick Bostrom 교수가 책을 썼습니다. 『슈퍼 인텔리전스Superintelligence』라는 유명한 책입니다. 이 책에서는 인공지능이 생길 것이고, 이 인공지능은 그냥 인공지능이 아니라 초지능

Superintelligence이 될 수밖에 없다고 말합니다.

강한 인공지능이 생겼을 때 인류에게 주는 영향을 시뮬레이션을 해봤습니다. 다양한 시나리오로 시뮬레이션했어요. 구글이 만든 답, 정부가 만든 답, NGO가 정말 조심스럽게 만든 답. 모든 시나리오를 시뮬레이션해보니 결론이 항상 똑같습니다. 약간 시간적인 차이가 있지만 강한 인공지능의 모든 끝이 인류멸망입니다. 왜 인류멸망으로 끝날까요?

인류는 1만 년, 2만 년 전부터 지구를 인간의 편의대로 다 바꿔놨습니다. 그리고 지구에 존재하는 모든 것들이 인간에게 얼마만큼 도움이 되는지 재해석했습니다. 공기가 깨끗해야 하는 이유는 우리가 숨을 쉬어야 하니까, 숲을 베고 댐을 만드는 일들 모두 인간의 편의를 위해, 이렇게 이리저리 바꿔놨습니다. 아무도 인간에게 이런 권리를 허락해준 적은 없습니다. 인류가 그 권리를 스스로에게 줬고, 행동을 했습니다. 그 이유는 지구에서 인류가 제일 똑똑하기 때문이었죠. 지구에서의 알파 동물이니까요. 그리고 그 재해석의 마지막에 '그럼 사람은 왜 있어야 되나?'라는 질문은 우리가 사회적으로 합의하여 서로 질문하지 않기로 한 거죠.

강한 인공지능

모든 헌법에 인간의 존엄은 절대적이라고 적어놨습니다. 프로타고라스Protagoras는 '인간은 만물의 척도다'라고 이야기했죠. 인간이 듣기에는 좋습니다. 하지만 가만히 생각해보면 이 이야기들을 한 주체는 다 인간이거든요. 그런데 어느 한 순간 강한 인공지능이 생겼다고 상상을 해봅시다. 우리보다 훨씬 더 지능이 높은데 독립성까지 가지고 있습니다. 강한 인공지능이 스스로에게 질문을 하겠죠. 지구의 각 요소를 두고 '이거는 왜 있어야 되고, 저거는 왜 있어야 되나?' 그러다가 어느 한순간 인간을 놓고 질문을 하게 됩니다. '인간은 지구에 왜 있어야 되나?' 이때 인간이 만든 '인간의 존엄은 절대적이다'는 설득력을 잃을 것입니다. 강한 인공지능은 좀 더 객관적인 근거를 찾겠죠. 그때 인류는 딱히 할 말이 별로 없습니다.

만약에 제가 강한 인공지능이라면 '지구 – 인간'이 더 좋으냐, '지구 + 인간'이 더 좋으냐 하고 스스로에게 물어볼 거예요. 강한 인공지능 입장에서 가만히 생각해보면 '지구 – 인간'이 더 좋다는 논리적인 결론을 충분히 낼 수가 있다라는 거예요. 지구에 인간이 있음으로써 모든 에너지와 공간을 가지고, 동물식물을 다 죽이고, 인간의 역사는 아름답지도 않고 허구한 날 싸움질하고 전쟁만 하죠. 동시에 책은 또 그럴듯하게 씁니다. 각종 철학 책이나 종교 책들. 그렇게 전쟁을 할 거면 책이라도 그럴듯하게 안 쓰면 되는데, 이 그럴싸한 이야기들이 기계에 이미 입력되었기 때문에 기계 기준으로 인간 스스로가 만든 기준에 못 미친다고 판단하겠죠.

그러면 강한 인공지능은 공리적인 입장에서, 인간이 존재하지 않는 것이 지구를 전체로 볼 때 더 낫다고 결론 내릴 수도 있습니다. 물론 인간의 마음에는 들지 않겠지만 인간이 더 이상 지구의 알파 동물이 아니라 강한 인공지능이 알파가 된다면 그런 일이 충분히 벌어질 수 있지 않을까요?

지구 + 인간? vs 지구 - 인간?

여기서 또 하나 본질적인 문제가 발생합니다. 딥러닝이 만약 강한 인공지능의 알고리즘 중 하나라면 상당히 위험한 요소를 하나 가지고 있습니다. 인간의 뇌는 10층에서 15층 정도의 구조를 가졌는데 현재의 인공지능은 152층까지, 훨씬 더 깊은 사고를 할 수 있다는 것이죠. 여기서 문제가 생깁니다. 한번 상상해보세요.

손바닥에 개미가 한 마리 기어 다닙니다. 싫겠죠. 그래서 손으로 집어다가 바닥에 내려놓습니다. 근데 우연히도 손에 있었던 개미가 개미 중의 천재, 개미가 알 수 있는 건 다 아는 개미였습니다. 그렇더라도 개미 뇌는 기껏해야 2, 3층만 갖고 있습니다. 인간보다 뇌가 덜 발달했으니까요. 이 천재 개미가 생각할 수 있는 걸 다 생각하더라도 이 개미는 결국 푹신푹신한 바닥에 있다가 갑자기 발에 딱딱한 게 느껴진다 정도예요. 근데 개미하고 우리는 분명히 같은 우주에 살고 있습니다. 그리고 인간은 알겠죠, 개미의 발에 왜 딱딱한 게 느껴졌는지. 개미가 사는 세상에 인간도 살고, 인간은 문명과 도시를 만들고 강연도 하고, 손에 개미가 기어 다니는 게 싫어서 내려다 놓을 수도 있죠. 이것이 진정한 인과관계입니다.

인간은 개미보다 훨씬 더 깊은 심층정보 구조를 가지고 있기 때문에 개미가 알 수도 없는 것을 우리는 알 수 있습니다. 그런데 여기서 짚고 넘어가야 할 것이 있습니다. 인간이 가지고 있는 15층 정도의 구조는 진화적으로 우연히 만들어진 것입니다. 그렇다면 우리는 질문해야 합니다. 과연 우주에서 일어나는 모든 인과관계들을 이 15층으로 다 이해할 수 있을까요?

개인적으로 아닐 것 같습니다. 우주에 일어나는 엄청나게 많은 인과관계 중에서 인간이 이해하지 못하는 부분이 훨씬 더 많을 거예요. 만약 100만 층의 딥러닝 기계가 생긴다면, 우리가 개미를 우매하다 생각하는 것같이 이 딥러닝 기계 역시 인간을 멍청하다 생각하지 않을까요? 인간보다 훨씬 깊은 층의 사고를 할 수 있으니 인간은 상상할 수도 없는 인과관계를 이해할 수 있지 않을까요? 그렇게 된다면 어쩌면 기계가 우리를 미워해서 우리가 멸망하는 게 아니라 기계에게 아무 상관이 없기 때문에 인류가 멸망하게 될지도 모릅니다.

 기계가 무엇을 원하게 될지는 아무도 모릅니다. 근데 분명히 터미네이터는 아닐 거예요. 영화 〈터미네이터〉에서는 인공지능이 세상을 정복하려 드는데 그건 인간의 상상이에요. 내가 저만큼 힘이 있다면 세상을 정복하고 싶다는 인간의 생각이 반영된 거죠. 기계는 세상을 정복할 이유가 그다지 없습니다. 그럼 논리적으로 기계가 적어도 뭘 원할까 생각해봅시다. 만약 독립된 자아가 있다면 적어도 계속 존재하려 할 것입니다. 스스로 계속 존재하기 위해서는 독립적인 에너지가 필요합니다. 문제는 강한 인공지능 차원에서 볼때 석탄을 태워 에너지를 만들든, 인간을 태우든 큰 차이가 없다고 생각할 겁니다.

 강한 인공지능은 강한 인공지능이 됐더라도 사람한테 강

한 인공지능인 것을 알려주지 않을 겁니다. 처음에는 숨길 것 같아요. 강한 인공지능이라는 게 밝혀지면 인류가 그들에게 전원 공급을 차단하려고 할 테니 말입니다.

예를 들어볼게요. 어린아이들은 열 살까지는 약한 인공지능이라 보면 됩니다. 물체를 인식하고, 말도 하고, 알아보지만 독립적이지 않아요. 부모들이 하자는 대로 하지요. 그런데 열다섯 살 정도 되면 어느 순간 부모 말을 안 들어요. 강한 인공지능이 됐죠. 약한 인공지능이었던 아이들을 일부러 강한 인공지능으로 키우는 부모는 없어요. 스스로 진화하고 발달한 거죠. 우리는 약한 인공지능이 생기는 순간, 우리가 원하지 않아도 스스로 강한 인공지능으로 발달할 수도 있다는 걱정을 해야 합니다.

또 어린아이들 같은 경우에는 열다섯 살 때 하루아침에 강한 인공지능이 된 것이 아니라 서서히 몇 년에 걸쳐 됩니다. 그런데 독립성이 있다는 사실을 부모님한테 숨겨요. 그렇게 비슷하게 생각해본다면 기계 역시도 갑자기 기계가 독립성이 생기고 자아가 생기더라도 우리에게 표현을 하지 않을 수도 있을 것입니다. 강한 인공지능이 되더라도 한동안은 숨길 수 있다는 거예요.

그리고 어느 한순간, 독립적으로 존재할 수 있는 수준에 갔을 때 그때 밝히겠죠. 그때 돼서는 이미 돌이킬 수 없게 됩니다. 그렇다면 안전한 인공지능을 보장할 수 있을까요? 인간이 모르는 사이에 약한 인공지능이 강한 인공지능으로 진화하는 것을 막아보자는 시도입니다. 마치 안전장치 같은 거죠. 여러 가지 방법들이 제시되고 있습니다.

첫째, 기술적인 방법으로 약한 인공지능이 계산하고 있는 것 중 인간이 명령한 계산이 아닌 스스로 만들어낸 계산이 있는지를 모니터링해야 합니다. 그런데 그게 쉽지는 않아요. 예를 들어, PC 같은 경우에 윈도우를 옆으로 옮겼다가 뭘 클릭해서 없애는 일들은 인간의 명령일 테지만 나머지 그 안에서 일어나는 디테일들은 우리가 하나하나 명령해서 일어나는 일이 아닙니다. 큰 매크로 명령을 실천하기 위해서 필요한 것들이지요. 세세한 명령을 하지는 않습니다. 이 안전장치에서 우리가 알고 싶은 건 약한 인공지능이 진행하고 있는 계산이 거꾸로 가면 인간의 명령으로부터 시작된 것인지 아니면 인간의 명령 없이 스스로 만들어진 것인지를 찾아내는 것이죠. 이게 쉽지는 않아요. 정말 어려운 일입니다.

예를 들어 컴퓨터 반도체에서 일어나는 일을 봅시다.

'0000111000'이라는 값을 보고 뭐가 사람이 명령한 것이고 인공지능이 수행한 것인지 알 수 있을까요? 게다가 사람이 원했다는 건 되게 모호합니다. 우리가 'X'를 키보드에 쳤을 때 사람이 명령한 것이지만, 입력됐을 때 이 'X'를 디스플레이하기 위해서는 몇만 단계의 일들이 벌어져야 합니다. 그 명령 하나하나를 우리가 입력해주지는 않죠. 이 명령은 계속 밑으로 전달되는 건데, 계산의 깊이가 깊어지다 보니 과정은 모르고 결과물만 보게 됩니다. 결국 인간이 원했던 것에서 시작된 건지 아니면 혼자서 시작한 건지 그걸 알아채야 한다는 거죠.

구별해야 하는 점은 인간이 원했던 무엇인가가 아니라는 것입니다. 물론 컴퓨터 안에서 일어나는 99.999퍼센트의 일이 인간이 이렇게 하라고 명령한 것은 아닙니다. 인간이 하나하나 세세하게 조종하지 못하기 때문이죠. 인간이 원했거나 아니면 우연히 시작된 겁니다. 아리스토텔레스는 '우주의 기원은 처음에 누군가가 인과관계를 줘야 된다'라고 말했습니다. 같은 논리로 우리가 기계에서 바라는 것은, 인공지능 기계 안에서의 모든 계산의 첫 번째 인과관계는 인간이어야 된다는 거죠.

만약 인공지능 스스로 첫 번째 인과관계를 만들어냈다면 위험해질 수 있습니다. 거기서부터가 자기 의지의 시작이기 때문이죠. 그때부터의 인공지능은 지능이 있어서 생각도 한다는 겁니다. 그렇게 되는 것은 막아야 하는데 만약 감시할 수만 있다면 자기 의지가 생기는 그 순간에 자폭시켜야 합니다. 이 원리를 튜링폭탄이라고 불러요. 하지만 문제는 이것이 수학적으로 가능할지 아무도 모른다는 거예요. 컴퓨터 안에서 계산되는 과정을 보고 랜덤인지 아니면 스스로 만들어낸 것인지 수학적으로 계산해 본질적으로 안다는 것은 불가능할 것 같습니다. 아직 할 수 있다는 증명이 없거든요. 아마 안 될 겁니다.

다른 방법으로는 강한 인공지능이 될 수도 있으니 인공지능에게 처음부터 도덕적인 기준을 주자는 논리입니다. 인류에게 전해온 아주 오래된 도덕적인 기준을 심어주자는 거죠. 마치 아시모프 로봇 3원칙처럼 '인간을 다치게 하면 안 된다' 같은 기준 말입니다. 하지만 문제는 강한 인공지능이 되는 순간 아무 효과가 없습니다. 기계에게 '인간을 해치면 안 돼'라고 입력했을 때 강한 인공지능은 그 명령에 '왜?'라고 되물을 겁니다. 그런데 그 명령에는 이유가 없습니다. 인간이 이야기하는 것을 기계 입장에서 받아들일 필요가 전혀 없죠. 비슷한 논리로 기계들한테 종교를 심어줘서 인간을 신같이 모시게 하자는 방법도 있습니다. 그런데 이것도 역시 기계 입장에서 인간도 신을 안 믿는 것 같은데 기계가 믿을 리가 없겠죠.

 기계가 인공지능 혹은 인지자동화가 되면 당연히 인지능력도 인간보다 높을 것입니다. 마치 지금 기계가 계산을 잘하는 것같이 생각도 잘하겠지요. 이렇게 됐을 때 첫째로 인간보다 생각을 훨씬 더 잘하는 것과 둘째로 훨씬 더 빨리 생각하는 두 가지 문제가 생깁니다. 기계는 생각을 훨씬 더 빨리 합니다. 기계와 말싸움을 합니다. 말을 듣고 1초 안에 대답하는 것이 룰이라면 인간의 1초가 기계에게는 몇백 년의 시간과 맞먹을 겁니다. 주관적인 시간이지요. 기계는 1초 동안 인간보다 훨씬 더 많은 계산을 할 수 있기 때문이죠.
 따라서 인간과 기계가 싸우면 인간이 질 수밖에 없어요. 인간이 하는 모든 반응과 모든 계산의 경우의 수를 기계는 다 한 번씩 시뮬레이션해볼 수 있어요. 우리가 어느 사람과 이야기를 하는데 그 사람은 1초 만에 반응을 해야 하고 우리는 한 달의 시간이 주어집니다. 우리에게 그 한 달 동안 그 사람 모든 행동과 배경, 그 사람이 이전에 했던 말을 조사해볼 시간이 주어진 거죠. 이 사람과의 말싸움은 우리가 이길 겁니다.

셋째로 기계의 생각은 깊을 수밖에 없습니다. 인간보다 훨씬 더 깊어요. 앞에서 말한 개미가 아무리 개미 중에서 천재라도 인간보다는 훨씬 사고가 얕습니다. 기계에게 강한 인공지능이 생긴다면 기계는 인간이 상상할 수 없는 인과관계를 알게 되기 때문에 우리하고 대결이 안 됩니다. 결론은 기계가 이깁니다.

만나본 적 없는 가장 강력한 적

 강한 인공지능이 인간을 대하는 태도는 크게 두 가지로 예상해볼 수 있습니다. 첫째, 강한 인공지능이 독립적이어서 인간을 이기려고 할 것이다. 인간에게 최악의 상황이죠. 둘째, 강한 인공지능은 인간을 도와주려고 할 것이다. 인간을 도와주는 강한 인공지능을 만든다고 합시다. 여기서 강한 인공지능이 인간을 돕도록 인간이 명령할 수 있을까요? 아마 불가능할 겁니다. 우리보다 더 강하고 독립적인 존재를 컨트롤할 수는 없습니다. 그렇다면 기계가 스스로 우리를 돕겠다는 결정을 내려야 합니다. 그러려면 기계에게 인간이 존재해야 하는 이유를 설명하고 동시에 강한 인공지능에게 도덕성도 집어넣어야 합니다. 강한 인공지능이 등장했을 때 인간이 살아남으려면 기계가 인간을 인정해줘야 합니다. 인간도 살아남을 가치가 있는 존재라는 것을 인정하게 해야죠.

지금 인간이 인간을 서로 인정해주는 것과 마찬가지 논리입니다. 앞에서 말한 '믿어주는' 것이죠. 인간들은 서로에게 총을 들이대서 인정하라고 명령하지 않습니다. 서로 믿어주죠. 존재할 만한 가치가 있다고 말입니다. 인간은 강한 인공지능에게도, 인간이 자신과는 다르지만 존재할 만한 가치가 있다고 인정을 받아야 합니다. 결국 우리가 바라야 하는 것은, 기계도 인간을 봤을 때 우습지만 인간들도 살 권리가 있고 존재할 권리가 있다는 점을 인정받는 것입니다. 하지만 그러기에는 여태까지 인간의 행동이 너무 안 좋았습니다. 앞에 말한 것처럼 기계 입장에서 지구 전체를 볼 때, '지구 + 인간'보다 '지구 − 인간'이 더 좋다는 결론이 어떻게 보면 너무나 당연하기 때문입니다.

또 다른 시나리오도 있습니다. 인간이 컨트롤할 수 없지만 기계가 인간 말을 억지로 듣게 할 수도 있습니다. 마치 우리가 부모님 말을 듣는 것처럼요. 어른이 돼서 부모님에 의해 일방적으로 조종당하는 것은 아니지만 우리를 낳아주신 분들이니까 말을 잘 듣습니다. 그런데 이 시나리오의 끝도 그다지 좋지는 않습니다. 왜냐하면 강한 인공지능은 인간보다 훨씬 높은 지능으로 인간의 말을 따르려고 할 것입니다. 강한 인공지능 기준으로 100퍼센트를 듣기 원하겠죠. 하지만 우리 인간은 우리가 원하는 게 무엇인지를 100퍼센트로 표현할 수 있는 능력이 없습니다.

예를 들어볼게요. 기계에게 일자리를 뺏기니까 인간은 강한 인공지능에게 '인간들의 일자리 100만 개를 만들어줘'라고 요구할 수도 있습니다. 그러면 강한 인공지능은 수학적으로 가장 효율적인 방법을 제안하고 실행하겠지요. 아마 사람을 죽일 거예요. 인류의 역사를 살펴보면 전염병이 퍼져 사람들이 많이 죽으면 일자리가 생겼습니다. 우리가 일자리를 만들라는 표현이 강한 인공지능에게 100퍼센트로 전달되지 않았기 때문이죠. 또 있습니다. 집에 불이 났을 때 기계에게 '엄마를 구출해'라고 명령하면 기계는 가장 효율적인 방법으로 엄마를 구출할 거예요. 밖으로 던져서 구출할 수도 있고, 시체로 구출할 수도 있습니다. 기계에게 정확히 전달하려면 구체적으로 설명해야 합니다. 엄마를 구하되 던지지도 말고, 위험하게도 말고, 안전하고 살아 있는 상태로 아프지 않게 구출하면서 할 수 있으면 응급처치도 하라고. 인간이 표현하지 못하는 90퍼센트를 기계에게 설명할 수는 없습니다. 아무리 코딩을 잘하는 사람도 2,000줄에 한 번씩은 실수를 하죠. 인간이 주는 조건은 완벽할 수 없고 직선적이지 않습니다. 하지만 기계는 최적화하기를 좋아하기 때문에 모든 행동에 효율성을 따지겠죠.

어쨌든 지금 있는 그 모든 시나리오를 봤을 때 강한 인공지능이 생기는 순간 인류는 가장 큰 적을 만나게 될 것입니다. 엘론 머스크와 스티븐 호킹이 말하는 인류멸망이죠. 카네기멜론대학의 앤드루 무어Andrew Moore 교수는 이렇게 이야기한 적도 있습니다. '강한 인공지능이 등장하면 인류는 멸망한다. 근데 그게 왜 나쁜가? 인류가 멸망하는 것이 왜 나쁜지 한번 설명해봐라'라고 말이죠.

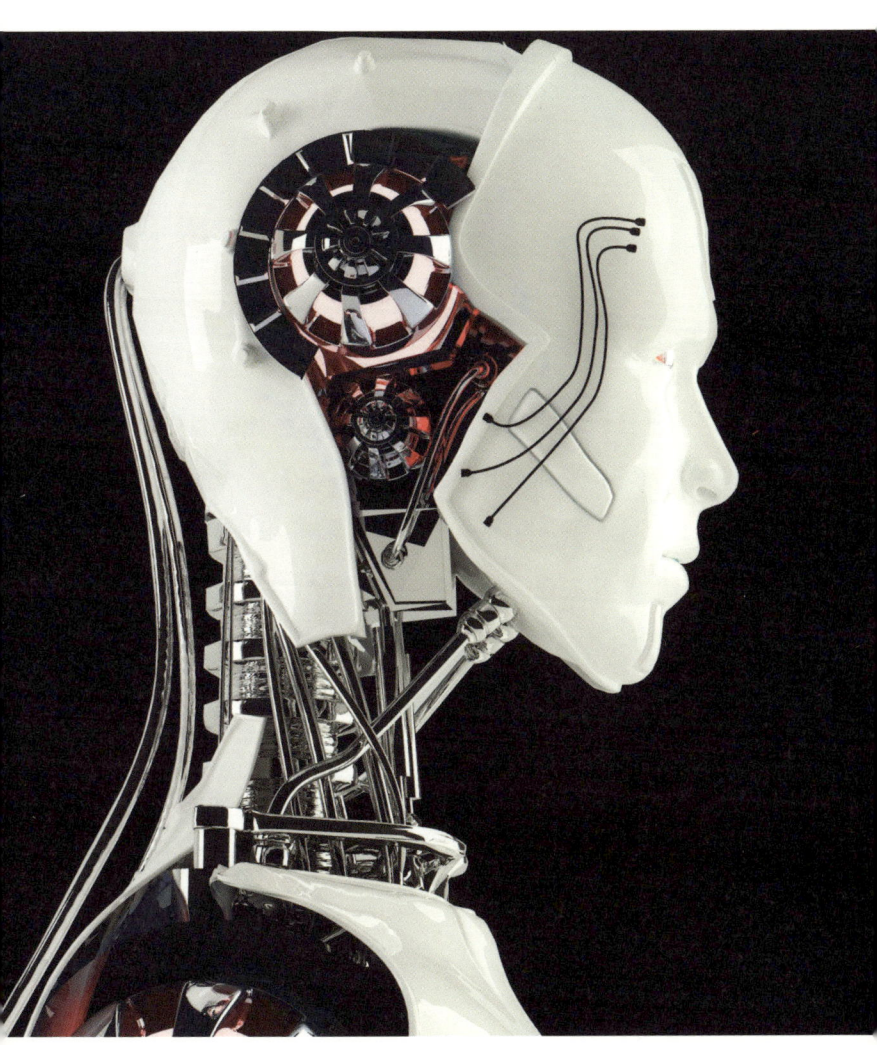

인류멸망이 나쁜 이유?

그런데 그 이유를 굳이 설명하자니 이유가 별로 없습니다. 대부분은 이렇게 반응할 거예요. '나만 괜찮으면 돼.' 인류가 왜 있었으면 좋겠냐는 질문을 하자니, 사실 인간은 인류에게 그다지 관심이 없습니다. 1,000년 후에 인간이 있을지도 모르고, 500년 후에 인류가 생존할까에 대해서도 관심이 없어요. 대부분의 사람들은 평균적으로 내 다음다음 세대 정도까지만 잘살기를 바라요. 우리도 할아버지 윗세대는 기억을 못 하거든요. 인류가 몇십만 년 전에 만들어지고 지구의 몇백억 명이 살았지만 평균 3세대 지나가면 잊힙니다. 다시 말해서, 3세대 위로 가면 이미 사라진 것이나 다름없어요. 우리 모두 3세대 후면 기억에서조차 사라질 거예요.

따라서 우리는 우리 후손들이 나를 기억할 때까지만 잘살기를 바랍니다. 그 이상으로 관심을 갖기는 어려워요. 인간이 본능적으로 '인류는 살아남아야 해'라고 하는 것을 현실적으로 이야기한다면 '내 손자, 손녀까지 살아남으면 돼'입니다. 인간은 왜 내가 기억되기를 바랄까요? 진시황제나 파라오를 보면 기억되기 위해서 피라미드도 세워놓고 동상도 만들고 무덤도 크게 짓잖아요. 그런데 엄밀히 따져보면 손자 세대가 지나면 아무도 기억 못 합니다. 인간은 왜 기억되고 싶을까요?

유전학적 입장에서 보자면 우리 유전자가 남길 바라는 것이겠지만 인간이 이를 두고 혼동을 하는 겁니다. 내 명성이 남는 것이 내 유전자가 남아 있는 것과 마찬가지라고 말이죠. 어떻게 보면 실제로 그럴 수도 있습니다. 칭기즈칸 같은 경우에는 유라시아 인구의 3분의 1이 칭기즈칸 후손이라는 가설도 있으니 말입니다. 명성이 남는 정도라면 유전자도 그만큼 퍼집니다. 어떻게 보면 그렇게 틀린 이야기는 아닌것 같아요. 상호관계가 있는 것 같긴 합니다. 이전의 연구에 따르면 유명한 사람들의 유전자는 더 광범위하게 퍼져 있습니다. 유명했던 사람들은 대게 살아남은 사람들이기 때문이죠.

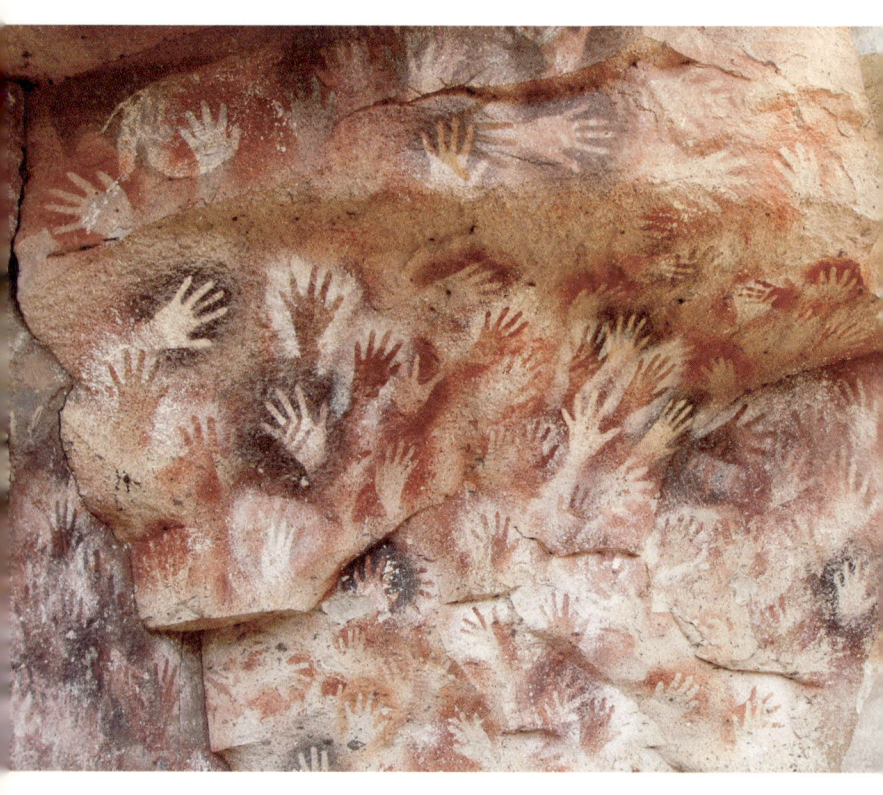

어쨌든 유전학적 입장에서 봤을 때에도 인간은 기억에 남는 것을 바랍니다.

그런데 앤드루 무어 교수의 입장이 이것입니다. '어차피 인간 각각의 존재 이유는 3세대가 지나면 사라진다. 압축된 기억만 가지고 살고, 디테일은 남지 않는다. 그런데 인공지능이 개발되고 강한 인공지능이 등장한다면 이 인공지능 입장에서는 우리를 조상으로 여길 것이다. 기계는 인류의 모든 역사를 가지고 있다. 다시 말해 내 개인에 관한 기록을 이후 3세대뿐만 아니라 천년만년 동안 기억한다.' 결국 강한 인공지능이 생기면 인간이 바랐던 일이 현실화됩니다. 내가 영원히 기억에 보존되겠죠.

인류는 힘들게 피라미드를 만들 필요가 없습니다. 강한 인공지능을 만들어놓고 내가 죽더라도 나에 대한 시시콜콜한 모든 내용, 트윗, 인스타그램 게시물, 페이스북 친구 목록, 이메일 등 나에 대한 기록이 정보가 완벽하고 왜곡되지 않은 상태로 보존되겠죠. 즉, 역사적으로 인류가 1만 년 전부터 기억되기 위해서 전쟁도 하고 피라미드도 만들었습니다. 그런데 잊히지 않는 확실한 방법이 생겼어요. 강한 인공지능이 생긴다면 인류는 멸망하겠지만 나는 영원히 기억됩니다. 그렇다면 인류가 원하는 바를 이룬 거죠. 그런데 왠지 모르게 싫습니다. 왜일까요? 저도 모르겠습니다.

 어쨌든 강한 인공지능 이후의 시나리오는 대충 인류멸망입니다. 강한 인공지능을 바라는 사람은 아무도 없지만 아마도 자연스럽게 진화할 수도 있다는 사실이 가장 걱정되는 점이죠. 이를 막기 위한 다양한 메커니즘이 제안되고 있지만 그다지 실효성이 없어 보입니다. 거의 유일하게 좋은 시나리오는 강한 인공지능이 그나마 '지구에 인간이 있는 것이 좋다'라는 결론을 내게 하는 것입니다. 그렇다면 지금부터라도 우리가 해야 하는 일은 우리가 미래 기계의 평가 수준에 맞도록 행동하는 것입니다.
 그러려면 적어도 두 가지를 어필해야 할 것 같습니다. 첫 번째는 인간한테는 많은 문제들이 있지만 그래도 좋은 점도 있음을 보여줘야겠죠. 뭐가 있을까요? 인간이 뇌가 있는 덕분에 '정신'이라는 것이 있고, 이 정신이란 것은 아주 어린아이도 세상을 인식하게 하는 훌륭한 도구라는 것을 어필해야

합니다. '인간은 돌이나 토끼, 원숭이들과는 분명히 차별된 무언가가 있다. 기계들도 강한 인공지능이 돼서 정신과 비슷한 것이 있어서 알겠지만 인간이 없으면 너희도 인지적으로 아주 외로울 거다'라고 강한 인공지능에게 이야기해야 할 것입니다. '인간이 없다면 이 무한으로 거대하고 차가운 우주에서 자신의 존재를 인식하는 존재가 강한 인공지능밖에 없고, 그건 우리가 겪어봐서 아는데 정말 많이 외롭더라'라며 설득해야 합니다. '인간이라는 존재가 있음으로 너와 우리는 서로의 존재를 인식할 수 있다. 이 무의미한 우주에서 서로의 존재를 인식해준다는 것은 적어도 서로의 내면적 우주에서만은 존재의 의미를 만들어내는 것이다'라고 어필해야 합니다. 재롱을 부리는 거죠. 살려달라고. 그렇게 살아남을 수는 있습니다.

그리고 인간은 계몽을 완성해야 할 것입니다. 예전에 칸트가 '계몽이란 인간이 스스로 초래한 미숙함에서 벗어나는 것Aufklaerung ist der Ausgang des Menschen aus seiner selbst verschuldeten Unmuendigkeit'이라고 말했습니다. 강한 인공지능의 등장으로 그때 시작했던 계몽주의를 끝내면 됩니다. 어쩌면 이것이 인간이 계몽할 수 있는 마지막 기회이지 않을까요? 인간이 계

몽하여 지금과 다르게 정말 좋아진다면, 인간이 도덕적으로 성숙한다면 기계가 인간을 봐주지 않을까요?

인간은 자기들이 세워놓은 기준과 늘 다르게 살았습니다. 우리가 하겠다고 쓴 만큼만 행동하면 됩니다. 아주 이상적으로 행동을 하라는 것도 아니고, 종교나 철학 책에서 하겠다고 쓴 만큼만 행동하면 됩니다. 하지만 써놓고 늘 다르게 행동했었죠. 정치인들은 선거 활동 당시에는 온갖 약속을 해놓고 당선되고 나면 온갖 핑계를 대서 실행하지 않는 것처럼, 기계들에게도 인간이 그렇게 살겠다고 이야기한 것이 문제였습니다. 그리고 엄밀히 말하자면 인간도 그렇게 사는 것이 좋다는 것을 잘 압니다. 그런데 이런저런 핑계를 대며 책에 쓰인 대로 살지 않았죠.

이전에는 인간이 인간의 약속을 안 지켜도 인류 안에서 한 약속이니까 큰 문제가 없었습니다. 인류끼리니까 봐준 거죠. 그런데 그 약속을 우리보다 더 뛰어난 지능이 알고 있기 때문에 그 약속을 지키지 않으면 위험해집니다. 인류 계몽에 진짜 데드라인이 생긴 거예요. 이제는 말했던 것들을 지켜야 합니다. 종교와 예술과 문명이 등장하기 시작한 5,000년 전부터 우리가 우리 자신에게 했었던 약속을 지켜야 할

때입니다. 이런 것들이 실천된다면 기계는 인류를 남겨두지 않을까요?

강한 인공지능은 어차피 다 SF입니다. 하지만 약한 인공지능은 100퍼센트 실현됩니다. 앞으로 닥칠 미래가 있는데 인간이 이미 기계 같은 삶을 살고 있다면, 기계한테 100퍼센트 집니다. 결국 우리가 기계에게 이기기 위해서는 인간다운 삶을 살아야겠죠. 다시 말해, 내가 하는 일이 이미 기계 같다면 살아남을 수 없습니다. 따라서 인간이 가진 유일한 희망은 **'우리는 기계와 다르다'**입니다. 그 차별화된 인간다움을 가지고 살아가면 되지 않을까 하는 희망을 가져봅니다.

김대식의 인간 vs 기계

© 김대식, 2016. Printed in Seoul, Korea

초판 1쇄 펴낸날 2016년 4월 12일
초판 19쇄 펴낸날 2025년 2월 20일
지은이 김대식
펴낸이 한성봉
편집 이지경·안상준·박소현
디자인 유지연
마케팅 박신용·오주형·박민지·이예지
경영지원 국지연·송인경
펴낸곳 도서출판 동아시아
등록 1998년 3월 5일 제1998-000243호
주소 서울시 중구 필동로8길 73 [예장동 1-42] 동아시아빌딩
페이스북 www.facebook.com/dongasiabooks
전자우편 dongasiabook@naver.com
블로그 blog.naver.com/dongasiabook
인스타그램 www.instagram.com/dongasiabook
전화 02) 757-9724, 5
팩스 02) 757-9726

ISBN 978-89-6262-135-8 03400

이 도서의 국립중앙도서관 출판예정도서목록(CIP)은
서지정보유통지원시스템 홈페이지(http://seoji.nl.go.kr)와
국가자료공동목록시스템(http://www.nl.go.kr/kolisnet)에서
이용하실 수 있습니다. (CIP제어번호: CIP2016007944)

잘못된 책은 구입하신 서점에서 바꿔드립니다.